O ANO DA LEITURA MÁGICA

Nina Sankovitch

O ano da leitura mágica

Tradução

Paulo Polzonoff

LeYa

Título original: *Tolstoy and the purple chair. My year of magical reading*

Diretor editorial: Pascoal Soto
Editora: Mariana Rolier
Produção editorial: Sonnini Ruiz
Marketing: Léo Harrison

Preparação de texto: Giselle Moura
Revisão: Paula Junqueira e Érica Lamas
Diagramação: Página Escrita
Capa: Retina 78
Imagem de capa: Michael Balnn/Getty Images e David Malan/Getty Images

DADOS INTERNACIONAIS DE CATALOGAÇÃO NA PUBLICAÇÃO (CIP-BRASIL)
Ficha catalográfica elaborada por Oficina Miríade, RJ, Brasil.

S227 Sankovitch, Nina
O ano da leitura mágica / Nina Sankovitch ; tradução: Paulo Polzonoff. – São Paulo : Leya, 2011.
232 p.

Tradução de: Tolstoy and the purple chair: my year of magical reading.
ISBN 978-85-8044-265-6

1. Sankovitch, Nina – Livros e leitura. 2. Livros e leitura. 3. Memórias autobiográficas. I. Título.

11-0136 CDD 028.9

Texto Editores Ltda.
Uma editora do Grupo LeYa
Rua Desembargador Paulo Passaláqua, 86
01248-010 – Pacaembu – São Paulo - SP
www.leya.com

Em homenagem à memória de Anne-Marie Sankovitch

e à Nossa Família

Precisamos de livros que nos afetem como um desastre, que nos deixem profundamente tristes como se alguém tivesse morrido, alguém que amássemos mais do que a nós mesmos, como se nos perdêssemos de todos numa floresta, como um suicídio. Um livro tem de ser uma rachadura no oceano congelado que temos dentro de nós.

Franz Kafka,
Carta para Oskar Pollak, 27 de janeiro de 1904

Um livro é um jardim, um pomar, um tesouro, uma festa, um companheiro, por assim dizer, um conselheiro, vários conselheiros.

Henry Ward Beecher

Sumário

1

ATRAVESSANDO A PONTE

É por saber que está morto que ele quer proteger o filho.
Enquanto eu viver, ele pensa, deixe-me ser o único que sabe! Seja o que for preciso,
deixe-me ser o animal racional mergulhando no vazio.

J. M. Coetzee
O mestre de São Petesburgo

Minha irmã tinha quarenta e seis anos quando morreu. Durante os poucos meses entre o diagnóstico e a morte, eu fui e voltei várias vezes de Nova York a Connecticut para vê-la. Geralmente, eu viajava de trem. No trem eu podia ler. Eu lia pelos mesmos motivos que sempre me fizeram ler, por prazer e como fuga. Mas agora eu também estava lendo para esquecer – durante mais ou menos meia hora – a realidade pela qual minha irmã estava passando. Ela fora diagnosticada com câncer no tubo bílico. O câncer avançou incansável e rapidamente. Pelo caminho, deixou um rastro de dor, impotência e medo.

No trem, sempre levava comigo um ou dois livros para Anne-Marie. Depois de descobrir sobre o câncer dela, fiz uma busca frenética pela Internet – todo mundo que ouve um diagnóstico faz isso – e descobri que a leitura de livros engraçados ajuda a combater a doença. Livros escapistas também ajudavam a enfrentar as células malignas, mas os artigos me diziam para deixar de lado quaisquer leituras pesadas. Por isso, eu levei Woody Allen e Steve Martin para Anne-Marie, além de vários romances policiais. Romances policiais envolvem morte e ninguém quer pensar na morte, mas Anne-Marie sempre lera romances policiais para se divertir e relaxar. Como historiadora da arte, ela passava o dia lendo textos densos e examinando detalhes arquitetônicos, plantas e fotografias. Os policiais eram seus doces, sua vodca com água tônica, seu banho de banheira. Ela adorava mistérios cheios de detalhes com uma atmosfera profunda e algo de sombrio. Eu jamais lhe negaria isso agora.

Certo dia, em meados de abril, eu levei para ela um livro que ainda não havia lido. Os livros de Carl Hiaasen são intrincados e ásperos e eu tinha certeza de que seriam um bom antídoto para a dor e o medo. No trem, deixei de lado meu livro e abri *Caso perdido*. Era muito engraçado e cheio da atmosfera enlouquecida do sul da Flórida. Mas eu logo percebi que o livro era inapropriado para a situação. O personagem principal, Jack Tagger, está certo de que morrerá aos quarenta e seis anos. Minha irmã precisava chegar aos quarenta e sete – precisava –, e eu não podia deixar que qualquer dúvida se infiltrasse em seus planos. Li o livro apressadamente e nunca o dei para Anne-Marie.

Se eu tivesse certeza de que minha irmã não chegaria aos quarenta e sete anos, será que eu teria me mudado para Nova York para ficar mais perto dela, deixando meu marido e quatro meninos em Connecticut à própria sorte? Não. Duvido. Anne-Marie queria me ver aos poucos. Eu era a mais nova de três irmãs: Anne-Marie era a mais velha e Natasha a do meio. Durante toda a vida, Anne-Marie sempre nos disse quando nos queria por perto e quando nos queria longe, e nós sempre a ouvimos.

Fomos criadas em Evanston, Illinois, por pais imigrantes. Eles vieram para os Estados Unidos atrás de oportunidades, deixando toda a família e o apoio para trás. Criamos nossa própria unidade familiar com cinco pessoas. Tínhamos muitos amigos, mas minhas irmãs e eu nos sentíamos estrangeiras na maior parte do tempo. Nossa família era diferente de todas as outras. Nossa casa tinha mais livros, mais obras de arte e mais poeira do que a casa dos outros. Não tínhamos parentes morando perto, não tínhamos avós para as festas de fim de ano nem tias para cuidarem de nós ou primos com quem brincássemos. Nossos pais tinham sotaques fortes – e, no caso do meu pai, um sotaque assustador. Nossa mãe trabalhava, primeiro como assistente e depois como professora em tempo integral, desde que entrei no jardim de infância. Minhas irmãs e eu éramos as únicas crianças da vizinhança que almoçavam na escola e éramos as únicas em todo o centro-oeste que tinham pimentões verdes e pimenta malagueta dentro do sanduíche mais comum e barras de chocolate Twinkies.

Os livros faziam parte da vida da minha família, estavam presentes em todos os cômodos e eram lidos por meus pais, para eles mesmos ou para nós. Minha mãe lia para a gente na sala de estar. Eu adorava me deitar no tapete e olhar para cima, para as rachaduras no teto, e ouvir histórias do rei Arthur e a Távola Redonda. Sir Gawain era meu personagem preferido, apesar de ele definitivamente ter sido o responsável pela minha timidez em relação aos meninos mais tarde. Eles eram muito mais fáceis de seduzir do que Gawain. A bela Lady Bertilak seduz Gawain dia após dia, mas ele jamais se entrega aos beijos dela. Os meninos que beijei na adolescência se entregavam sem qualquer esforço e ainda era a minha reputação que estava em risco, não a deles. Depois do rei Arthur, vieram os animais de *O vento nos salgueiros*. A vida no interior da Inglaterra pós-Camelot parecia tão monótona. As autointituladas "grandes aventuras" de Mole e Rat eram, na verdade, apenas uma série de acasos, e a batalha final me dava sono. Eu não conseguia me empolgar com doninhas invasoras e um sapo pegajoso.

As tardes de domingo também eram passadas sobre os livros, dentro de casa, nos meses de inverno, e no nosso pequeno jardim dos fundos no verão. Foi só na escola secundária e depois que tive um namorado norte-americano que passamos uma tarde de domingo assistindo a um jogo de futebol. Era a final do campeonato. Um surpreendentemente cavalheiresco Dan Cromer explicou o jogo para meus pais e para mim. Mas aquela foi a última vez que ele falou comigo, posteriormente me ignorando nos corredores da escola e nunca me ligando de volta quando eu deixava recados em sua casa. Se eu não entendia o futebol americano, para que eu servia?

O primeiro livro que posso chamar de meu foi um que roubei da biblioteca da escola primária Lincolnwood. Era *My Mother is the Most Beautiful Woman in the World*, de Becky Reyher. Ainda tenho esse livro. Está numa estante do meu quarto, junto com outros livros preferidos da infância, e ainda tem o cartão da biblioteca com a data em que deveria tê-lo devolvido: 6 de dezembro de 1971. Eu adorei aquele livro e não consegui devolvê-lo quando chegou o dia. Não me lembro se paguei a multa pela perda do livro.

No livro, Varya, uma menina ucraniana, se perde da mãe enquanto trabalham na lavoura. As pessoas dos vilarejos próximos, que também faziam a colheita do trigo, tentam ajudá-la, mas a única descrição que a criança consegue fazer da sua mãe é "minha mãe é a mulher mais bonita do mundo". Os aldeões enviam mensageiros para todas as fazendas locais, pedindo que enviem a mulher mais bela de volta a clareira onde Varya espera chorando. Uma a uma, as belas mulheres são colocadas diante da menina, mas ela balança negativamente a cabeça para todas, chorando ainda mais. E então, uma mulher chega correndo: "Seu rosto era grande e redondo e seu corpo ainda maior. Seus olhos eram fendas minúsculas ao lado de um narigão. Na boca quase não havia dentes". Era a mãe de Varya, e mãe e filha se reúnem: "Finalmente, o sorriso pelo qual Varya tanto ansiara estava novamente brilhando sobre ela". Essa história ainda me faz chorar. Ela me emocionou aos nove anos do mesmo modo que ainda me emociona, com o amor inocente e resplandecente entre mãe e filha.

Minha mãe realmente era e ainda é a mulher mais bonita do mundo, e Anne-Marie também era: as duas mulheres mais bonitas do mundo na mesma família. No dia em que minha irmã morreu ela estava se sentindo bem o bastante para se sentar na cama e se maquiar. Ela nunca precisou daquilo para ficar bonita, mas era algo que lhe acrescentava *glamour*, mesmo quando estava mais doente. Naquele dia, ela me deixou pentear seus cabelos, seus cabelos adoravelmente castanho-claro. Ela tinha ficado preocupada com a queda de seus cabelos durante o tratamento, mas isso nunca chegou a acontecer. Teríamos dado os cabelos de nossas cabeças em troca de apenas uma oportunidade de lutar contra a doença dela. Mas o câncer no tubo bílico cresceu rápido demais. O tratamento seria apenas uma tortura e nunca uma cura.

Eu não estava planejando visitar Anne-Marie no dia em que ela morreu. Eu a visitava todos os dias desde que ela fora readmitida no hospital no começo de maio. Numa bela manhã de primavera, ela acordou com a barriga horrivelmente inchada. Seu organismo estava entrando em colapso, bile e pus estavam pressionando a barriga. Ela ficou em casa na esperança de que suas entranhas voltassem a funcionar novamente, mas à noite percebeu que tinha de voltar para o hospital. Eu havia saído com Jack para celebrar nosso décimo terceiro aniversário de casamento quando recebi o telefonema. Estávamos caminhando à beira do rio que passa pelo meio da rua principal de nossa cidadezinha. Desliguei o telefone e me afastei de Jack, indo na direção do píer que se prolonga para dentro de uma área pantanosa às margens do rio. O nível da água estava baixo e o cheiro de sal, sujeira e podridão se misturavam à brisa amena da primavera. Fechei meus olhos e chorei.

No dia seguinte, peguei o trem até a cidade e depois caminhei trinta quarteirões até o hospital Presbiteriano. E no dia seguinte peguei o trem novamente. E repeti a viagem nos outros dias.

No dia em que meu pai completou oitenta anos, Anne-Marie estava com vontade de comer uma trufa de chocolate e beber champanhe. Eu continuei a visitá-la todos os dias e Anne-Marie continuava melhorando, aos poucos e com algumas recaídas. Nos últimos dias, ela estava se alimentando melhor, conversando e rindo com mais facilidade. Ela usava dois pares de óculos de leituras, um pendurado sobre o outro caso precisasse. Ela parecia preparada para qualquer coisa.

Pensei em passar um dia em casa para cuidar de montes de roupas sujas e contas a serem pagas, mas Jack me convenceu a visitá-la.

– Indo bem cedo, você volta a tempo de ficar com os meninos.

Os meninos eram meus filhos mais velhos, Peter, Michael e George. O mais novo, Martin, ainda estava no pré-maternal e comigo naquele dia. Minha mãe ficaria feliz em vê-lo. Ela poderia levá-lo ao parquinho do hospital e eu poderia fazer uma visita rápida a Anne-Marie.

As calças que eu estava usando na cidade naquele dia estavam folgadas em mim. No último mês, eu parara de comer as refeições regularmente e deixara de beber vinho à noite. Bastava uma taça para que eu começasse a chorar. Mesmo com as crianças dormindo, não queria que elas acordassem e me ouvissem chorando. A ternura e paciência que os meninos demonstravam já superavam o que qualquer criança deveria suportar. Peter me acompanhara no domingo durante a visita a Anne-Marie. Ao deixarmos o hospital, ele pôs seu braço em volta de mim e disse:

– Amo você, mamãe.

Onze anos, e era ele quem estava me consolando.

Há poucos dias, eu dissera a Michael que Martin tinha sorte por ser tão novo e não entender que Anne-Marie estava morrendo. Michael respondeu: – Não, mamãe, ele não tem sorte. Não tem sorte nenhuma porque ele jamais vai conhecer Anne-Marie como nós.

Michael se lembrava das noites que dormira na casa da tia. Dos jogos de tabuleiro e das horas montando Lego com ela. Anne-Marie era sempre a vilã do Lego, disposta a destruir o mundo criado pelos mocinhos do Lego. A vilã do Lego era sempre derrotada no fim.

Parei numa loja para comprar um cinto para minhas calças. Na verdade, eu queria chamar bastante atenção. Essa era minha função com Anne-Marie no hospital: chamar a sua atenção, fazê-la rir ou deixar escapar um comentário mordaz e inteligente. Para provar que ela ainda estava entre nós. Eu lhe contava histórias engraçadas e intrigantes sobre meus filhos. Eu usava combinações novas e estranhas de roupas, uma combinação mais maluca do que a outra, dia após dia. Anne-Marie sorria e gargalhava quando me via. Ela esquecia, por um instante, que estava morrendo. Eu faria qualquer coisa para lhe dar aquele minuto.

Por isso, escolhi um cinto incrivelmente horrível, listrado de rosa, branco e laranja, prendi-o à minha calça jeans e fui fazer a troca com a minha mãe. Ela ficaria com Martin e eu pegaria o elevador até o oitavo andar.

A visita foi ótima. Anne-Marie ficou animada e interessada logo que entrei no quarto. Ela merecidamente repreendeu meu cinto. Aproximando-se, ela pegou o livro que eu havia trazido para ela, *Fugitiva*, uma coletânea de contos recém-lançada por Alice Munro. Ela pegou os óculos presos no alto da cabeça e leu um trecho da primeira história. Mais tarde, eu li os contos e me fixei naquela frase: "Ela tem esperança do mesmo modo que as pessoas que sabem muito bem têm esperança de receberem bênçãos que não merecem, perdões espontâneos e coisas do gênero". Todos nós temos esperança destas coisas. Anne-Marie nunca teve tempo de ler todos os livros que eu lhe levara. Ela leu apenas uma página do livro de Munro e depois o fechou e o pôs no alto da pilha.

Eu tirei os cabelos que lhe caíam sobre o rosto, ela estava linda. Meus pais jamais haviam nos comparado. Para eles, éramos todas lindas e inteligentes. Mas nós sabíamos a verdade: Anne-Marie era linda, Natasha era a boa moça e eu era a gorduchinha engraçada.

Três meninas, diferentes entre si, mas todas amavam livros. Quando começamos a andar, andávamos até os livros. Quando tinha apenas três anos íamos juntas a uma biblioteca itinerante. Ela parava numa esquina a poucos quarteirões da nossa casa. Em *Fahrenheit 451*, Ray Bradbury descreve o cheiro dos livros "como noz moscada ou algum tempero de uma terra distante". Para mim, os livros tinham um cheiro picante, mas de um tempero local, confortável e familiar. Era o cheiro da biblioteca itinerante, uma mistura de páginas mofadas e corpos quentes. Nós nos amontoávamos diante das estantes procurando pelo que queríamos na parte mais baixa. As prateleiras mais altas eram para livros de adultos. As estantes do meio eram para lançamentos, com um lugar vago para os livros a serem devolvidos. Em casa, nossos pais exigiam que cuidássemos dos livros que pegávamos emprestado na biblioteca e que os devolvêssemos na data certa. Anne-Marie e eu geralmente atrasávamos; Natasha, nunca.

Pilhas de livros se amontoavam no peitoril do quarto de hospital de Anne-Marie, presentes de amigos e da família. Eu emprestava tantos livros quanto lhe trazia. Anne-Marie havia acabado de me apresentar à escritora Deborah Crombie e seus detetives, Duncan Kincaid e Gemma James. Ela relia a série enquanto eu avançava nas histórias, sem conhecê-las e adorando. Foi no meio de *All Shall Be Well*. O título expressava esperança e, quando eu o vi ali no peitoril do hospital, pedi emprestado. Anne-Marie disse que sim, mas que o queria de volta. Ainda estávamos fazendo planos para o futuro.

Meu pai estava lá naquela manhã, juntamente com Marvin, meu cunhado, marido de Anne-Marie. Marvin dormia no quarto com Anne-Marie todas as noites, por isso estava sempre cansado. Não era fácil dormir perto de uma mulher num leito de hospital, presa a todos os tipos de recipientes e tubos. Tentei fazê-lo rir e meu pai também. Era importante que eu bancasse a tola e boba. Quando ríamos, esquecíamos que estávamos no quarto com uma mulher sem muita esperança. O otimismo do esquecimento se apegava a nós, permitindo que fizéssemos planos. Anne-Marie comeu sua gelatina e todos imaginávamos que no dia seguinte ela passaria a comer algo mais sólido. Conversamos sobre levá-la até Bellport, onde Anne-Marie tinha uma casa na praia, assim que ela recebesse alta do hospital. Prometi lhe apresentar uma nova série de romances policiais que havia acabado de descobrir, escrita por M. C. Beaton e protagonizada por Hamish Macbeth, um policial sem ambição e grosseiramente adorável das Terras Altas da Escócia. Disse que lhe traria alguns títulos da coleção na minha próxima visita. Anne-Marie pareceu cética – ela preferia o cenário de Londres ao da Escócia –, mas eu lhe garanti que os personagens excêntricos de Beaton compensavam a atmosfera rural. Todos rimos novamente.

Quando Anne-Marie ficava cansada, seus olhos se fechavam parcialmente e ela interrompia as frases no meio. Essa era a dica para eu sair e deixá-la descansar com os livros e o jornal. Eu a beijei, disse que a amava e que a veria no dia seguinte.

– Fale novamente sobre os tênis novos do Martin –, ela pediu, seus olhos se arregalaram por um instante. Eu lhe contei sobre os tênis novos do meu filho de três anos, um Merrells rosa. Ele adorava tudo rosa. Ela meneou a cabeça.

–Vejo você amanhã –, disse.

Uma hora mais tarde, minha irmã morreu. Ela entregou à minha mãe um exemplar dobrado do *New York Times* e disse: "Leia isso. É interessante", e depois tentou se levantar da cama. O sangue jorrou da sua garganta e ela caiu. A enfermeira afastou minha mãe e lhe disse para procurar Marvin, que estava no corredor. Mas era tarde demais. Anne-Marie estava morta.

Eu dirigia sobre a ponte Henry Hudson com Martin preso a sua cadeirinha atrás de mim quando meu telefone celular tocou. Eu o trazia preso no meio das pernas para que pudesse atendê-lo rapidamente e foi o que fiz. Jack me interrompeu enquanto eu lhe contava como havia sido boa a visita.

– Nina, você precisa voltar.

– Por quê? Por que eu tenho que voltar? Comecei a me sentir enjoada. Jack não me respondeu. – Diga-me. Por que eu tenho de voltar? O que está havendo?

– Anne-Marie morreu.

Eu gritei. E gritei novamente. Estacionei meu carro e continuei gritando, minha garganta arranhava, sangrava e doía. Martin sentado sem dizer nada atrás de mim. Ele deve ter ficado aterrorizado. Quando parei de gritar, comecei a chorar, dei meia-volta com o carro e dirigi de volta para Nova York, de volta para o hospital.

Anne-Marie estava deitada sobre a cama com os braços cruzados sobre o corpo. Um pano fora enrolado sobre sua cabeça para manter sua boca fechada. Minha mãe estava ao lado dela, chorando em silêncio, segurando-se ao lençol que cobria o corpo da minha irmã. Marvin andava de um lado para o outro no quarto. Jack conversava com uma enfermeira que nos apressava para sairmos, para que o corpo pudesse ser enviado ao necrotério. Deixei Martin na sala de espera com outra enfermeira, fazendo desenhos. Natasha gritava na poltrona, sentada perto do meu pai. Ela levantava os braços enquanto as lágrimas rolavam pelo rosto, tremendo com o restante do seu corpo enquanto balançava para a frente e para trás.

– Três numa noite –, ele continuava murmurando para si mesmo, repetindo sem parar. – Três em uma noite.

Tentei tirar minha mãe de perto da cama.

– Vamos, mamãe. Esta já não é mais Anne-Marie.

– Sim, é ela –, minha mãe me corrigiu. – Sim, esta ainda é Anne-Marie.

Ela se voltou para minha irmã, novamente acariciou seu rosto e segurou a mão dela por sobre o lençol.

Mas o corpo já não era minha irmã. Anne-Marie estava morta. Ainda podíamos tê-la entre nós em palavras, memórias e fotografias. Ela era nossa para que lembrássemos, conversássemos e sonhássemos. Mas ela estava morta e jamais saberia, ou sentiria, ou sonharia novamente. Esta foi a primeira coisa assustadora em perder Anne-Marie: ela se perdera. Ela perdera a vida e todas as suas fantásticas e incalculáveis possibilidades. Enquanto todos nós continuaríamos vivos, ela não. Tudo havia acabado para ela. Mesmo que eu achasse que o espírito da pessoa existisse em outra dimensão ou espaço – e como eu poderia saber ou negar isso – seu lugar na Terra como Anne-Marie a sentia, experimentava, conhecia havia desaparecido. Apagado, acabado para sempre.

Por mais horrível que perder a vida dela fosse, para mim era ainda mais horrível saber que Anne-Marie também sabia o que estava acontecendo. Eu falhara na minha função de protegê-la de saber que sua morte estava próxima. Todos os meus livros, palhaçadas e roupas estúpidas não foram capazes de fazê-la ignorar aquilo. Ela era inteligente demais para ignorar a verdade que vinha dos médicos, os resultados dos exames e o que ela sentia por dentro.

Desde criança, Anne-Marie usara a inteligência e sua intuição para enxergar as mentiras e trapaças. Ela deixara o grupo de escoteiros depois de duas semanas porque as mães que comandavam o grupo simplesmente não sabiam explicar como as coisas funcionavam. Anne-Marie não via sentido em fazer nós náuticos e até que as mães fossem capazes de justificar aquele trabalho de dar voltas e mais voltas em cordas de plástico, ela não participaria do grupo. Já adulta, ela destruiu antigas hipóteses sobre a arquitetura da Renascença e criou um novo modo de olhar para os impactos sociais e civis da construção de igrejas nos séculos XV e XVI. Ela sabia que Jack era o homem certo para mim antes que eu soubesse e até sabia que meus filhos seriam lindos antes mesmo de eles nascerem. Ela tinha a capacidade rara de ver e entender todos os lados de qualquer situação, ou problema, ou desafio com clareza e sem julgamentos prévios. Quando os médicos usavam termos complicados e um tom tranquilo para discutir a evolução comum do câncer no tubo bílico e as possibilidades de tratamento, ela entendeu, muito antes de todos nós, que o tratamento era apenas um paliativo. Ela sentia o câncer se movendo dentro dela, tirando-lhe a vida dia após dia. A morte estava a caminho.

Só uma vez vi minha irmã se desesperar durante os três meses da sua doença. Num domingo, em março, fui visitá-la em seu apartamento enquanto Jack levava as crianças ao Museu de História Natural. Ficamos sentadas lado a lado no sofá do seu estúdio cheio de livros nas prateleiras. Eu me lembro de como ela de repente se aproximou para me abraçar e me abraçou com força, puxando-me para cima até que meu rosto subisse por seu casaco cinza e ficasse enterrado em meio aos seus cabelos e o rosto dela estivesse enterrado nos meus. Ela queria estar próxima, mas não podia me olhar nos olhos e dizer o que ela sabia.

– Isso é tão injusto.

As palavras passaram despercebidas por mim. Era tão injusto que ela tivesse de morrer. Ela só dissera isso uma vez. Ela sabia. Eu a abracei e não havia nada que eu pudesse dizer, exceto que eu a amava, várias vezes. O casaco cinza está comigo agora e eu o uso no inverno. Eu sei que a vida é injusta. Mas embora todos saibam que a vida não é justa, Anne-Marie sabia mais. E me apavorava a ideia de que eu não podia tirar aquele conhecimento dela e suportá-lo sozinha, por ela.

Em *O mestre de São Petersburgo,* o escritor J. M. Coetzee imagina Dostoiévski sentindo o mesmo pavor. O filho de Dostoiévski acabara de morrer no outono. A morte entristece Dostoiévski, mas o que o apavora é que o filho sabia que a própria morte estava próxima e não havia nada que ele pudesse fazer para poupar o filho desse conhecimento. "O que ele não suporta é a ideia de que, na última fração de segundo de sua vida, Pavel soubesse que nada poderia salvá-lo, que ele estava morto... É por saber que está morto que ele quer proteger o filho. Enquanto eu viver, pensa ele, que eu seja o único a saber! Seja o que for preciso, deixe-me ser o animal racional mergulhando no vazio."

Eu fiquei sabendo, mas era tarde demais e meu conhecimento nunca ajudou minha irmã. Que bem esse conhecimento poderia me fazer agora? Eu tinha mais perguntas a cada dia e nenhuma sabedoria para respondê-las. O que meu pai estava querendo dizer ao repetir a prece do "três na mesma noite"? Por que rejeitei minha mãe com tanta rapidez ao lhe dizer que o corpo não era mais sua filha? Como explicar a morte aos meus filhos sem lhes tirar a inocência? Como seremos capazes de voltar ao mundo e viver, sorrir, conversar e fazer planos para o futuro novamente?

As perguntas surgiam em minha mente, mas eu não encontrava respostas. Acumulando-se umas sobre as outras, as perguntas se tornavam cada vez mais pesadas, até que minha cabeça doesse e meu corpo se curvasse sob o peso delas. As perguntas cavavam fundo, prendendo-me ao fato e à tristeza de perder minha irmã mais velha.

A tristeza, para mim, transformou-se na dor incessante de saber que eu não poderia proteger minha irmã da morte. Tudo o que eu queria era ser a única a saber: "Que eu seja o único a saber!". Eu queria ser aquela que suportaria a morte e deixaria todos os outros, inclusive Anne-Marie, livres para continuar vivendo.

2

De volta à biblioteca itinerante

As palavras têm vida e a literatura se torna uma fuga, não da vida, e sim para dentro da vida.

Cyril Connolly

Depois da morte de Anne-Marie, tornei-me uma mulher dividida. Parte de mim ainda estava no quarto do hospital na tarde em que ela morreu. O quarto com a cama reclinável, a poltrona, a televisão e a pilha de livros. Os tripés prateados cheios de sacos com fluidos, analgésicos e um horrível líquido marrom que era drenado do estômago bloqueado da minha irmã. A bandeja transbordando com jornais e pacotes de gelatina. As meias que eu havia levado, mas que eram pequenas demais para os pés azuis e inchados da minha irmã. A escova com fios do seu cabelo castanho-claro.

Mas havia outra parte de mim, a que saiu apressada do quarto de hospital e nunca mais olhou para trás com medo do que veria. Comecei uma corrida no dia em que Anne-Marie morreu, uma corrida para longe da morte, para longe da dor do meu pai e da tristeza da minha mãe, para longe da perda, da confusão e do desespero. Eu estava com medo de morrer, com medo de perder minha própria vida. Eu estava com medo do que a morte fazia com a família que sobrevivia, a solidão e a impotência. O terrível pensamento: será que deveríamos ter consultado outros médicos, outros tratamentos, outros métodos?

Eu estava com medo de viver uma vida que não valesse a pena. Por que eu mereço viver enquanto minha irmã teve de morrer? Eu agora era responsável por duas vidas, a da minha irmã e a minha, e, droga, que a minha vida fosse boa! Eu tinha de viver com esforço e completamente. Eu viveria em dobro, porque eu também tinha de morrer algum dia e não queria deixar passar nada. Estabeleci para mim mesma uma vida cada vez mais acelerada. Pus-me a agir e a planejar e me envolvi com viagens e outras coisas. Eu queria que meus pais sorrissem novamente e impedir que meus filhos pensassem na morte. Eu queria amar Jack e andar quilômetros ao lado de Natasha. Eu tinha de compensar tudo o que as pessoas ao meu redor perderam com a morte de Anne-Marie.

Virei treinadora do time de futebol de Martin e me ofereci para ajudar o time de robótica com Lego de Peter. Assumi a liderança da Associação de Pais e Mestres. Entrei numa dieta e consultei todos os médicos de todas as especialidades que envolviam meu corpo: ouvido, nariz e garganta; vagina e seios; olhos; joelhos (artrite de uma antiga lesão de futebol) e cólon. Dois anos antes de Anne-Marie morrer, eu havia deixado de trabalhar e não voltaria a trabalhar por nada deste mundo agora. Eu tinha de estar disponível para todos da família, do mais novo (Martin) ao mais velho (meu pai). Tentei me antecipar a todas as necessidades e oferecer todos os tipos de encorajamento.

Três anos neste ritmo e então eu percebi que não era capaz. Eu não podia me livrar da tristeza. Eu não podia garantir a minha própria vida nem a de ninguém. Eu não podia garantir que todos estivessem a salvo e felizes. Meu aniversário de quarenta e seis anos se aproximava e de repente eu só conseguia pensar que minha irmã havia morrido com quarenta e seis anos. Eu sempre ouvi dizer que a meia-idade faz com que a pessoa se pergunte: "Isto é tudo?". Mas, para mim, foi a pergunta feita pela morte da minha irmã, três anos antes, que me golpeava cada vez mais forte.

Por que mereço viver?

Minha irmã havia morrido e eu estava viva. Por que me deram o direito à vida e o que eu deveria fazer com ele?

Parei de correr. A resposta a essa pergunta não seria encontrada em meio às atividades constantes. Eu tinha de ficar imóvel e deixar que o tempo agisse para fundir as duas partes novamente, aquela que ficou no quarto de hospital da minha irmã e a outra que ficou presa na armadilha da vida acelerada. Há uma conexão entre a vida que eu tinha antes e a vida que eu tenho agora. Minha irmã é a conexão. E nessa conexão eu podia encontrar várias respostas.

Lembrei das coisas que nós duas tínhamos em comum. Risadas. Palavras. Livros.

Livros. Quanto mais eu pensava em parar e voltar a ser uma só pessoa sã, mais eu pensava nos livros. Eu pensava em fugas. Não correr para fugir, e sim ler para fugir. Cyril Connolly, escritor e crítico do século XX, escreveu que "as palavras têm vida e a literatura se torna uma fuga, não da vida, e sim para dentro da vida". Era assim que eu queria usar os livros: como uma fuga de volta à vida. Eu queria mergulhar nos livros e voltar à tona unida novamente.

Li muito nos três anos que se seguiram à morte da minha irmã, mas os livros que eu escolhia eram mais uma tortura do que um consolo. A clareza dura da dor em *O ano do pensamento mágico*, de Joan Didion; o relato que ela faz da morte repentina do marido só intensificou minha própria dor. Depois houve semanas em que eu li apenas os ridículos, mas doces e viciantes livros policiais da tia Dimity, escritos por Nancy Atherton. Tia Dimity pode ter morrido, mas ela ainda tem o poder de transmitir muita sabedoria aos vivos. Como eu queria – eu chorava! – ter esse tipo de comunicação com Anne-Marie.

Li todos os livros de Barbara Cleverly com Joe Sandilands porque Anne-Marie os haviam lido e me dissera que eram ótimos, e eu queria conhecê-la novamente; queria entender o que ela amara e o que ela considerava digno de respeito. Reli um dos seus livros preferidos da infância, *Danny Dunn and the Homework Machine*, de Jay Williams. Eu tinha a cópia do seu livro do Clube de Leituras, que havia custado apenas cinquenta centavos, mas que era valiosíssima para mim agora, com "Anne-Marie Sankovitch" escrito à mão na folha de rosto. As últimas páginas do livro se perderam ao longo dos anos. Procurei uma cópia na internet para que eu pudesse terminar a leitura.

Eu usei os livros durante toda a minha vida para obter sabedoria, ajuda e como uma forma de fuga. No verão anterior ao meu primeiro ano no ensino médio, foi que comecei a me afastar da infância e me aproximar daquilo que me tornaria quando adulta. Sofri com meu primeiro amor, o primeiro sinal da morte e a primeira vez que entendi que a vida não é justa. *Harriet, a espiã,* de Louise Fitzhugh, acompanhou-me durante aqueles assustadores e encantadores ritos de passagem.

O verão começou com minha melhor amiga, Carol, mudando-se do meu bairro. Durante todo o primário, Carol e eu brincamos juntas depois da aula quase todos os dias. A primeira vez que eu reparei na Carol foi no jardim de infância. Eu a notara porque ela tinha um tapete de lã grosso e macio para a hora de dormir, enquanto eu tinha um tapete áspero e fino como uma panqueca. Carol deixava eu colocar meu tapete ao lado do dela durante as sonecas e até deixava que eu colocasse minha cabeça no cantinho fofo do seu tapete. Viramos melhores amigas, indo e voltando juntas da escola todos os dias. Durante a tarde, brincávamos juntas na casa dela ou na minha. A quinta série foi o nosso ano da *Ilha da fantasia*. Todos os dias, depois da escola, assistíamos à reprise da *Ilha da fantasia* na TV e depois brincávamos, fingindo que éramos aquelas pessoas presas na ilha deserta.

Eu era sempre Ginger e Carol era sempre Mary Ann, e a essência da nossa brincadeira era que nós duas amávamos o Professor. Todas as nossas aventuras na ilha deserta giravam em torno do Professor. Como éramos amigas, melhores amigas, nós duas acabávamos com ele em nossas brincadeiras, usando as portas como substitutas para o magro e alto Professor. Beijávamos estas portas e ríamos como hienas. A ideia de que ele talvez gostasse mais de uma do que da outra, Ginger ou Mary Ann, ou que talvez ficasse com outra (ah, não numa ilha deserta!) nunca nos ocorreu. Éramos pré-adolescentes, inocentes e felizes.

E então, certo dia já não éramos mais. Carol se mudou para uma rua distante, de modo que não podíamos mais brincar juntas. Nossas brincadeiras tinham de ser planejadas e envolviam pais, carros e horários. Quando começaram as férias de verão, fiquei no bairro antigo com velhos – mas não melhores – amigos, enquanto Carol encontrou uma nova melhor amiga. Ela já não estava mais interessada em mim nem no Professor.

O único modo de suportar a solidão daquele verão foi lendo *Harriet, a espiã.* Harriet, a protagonista, virou minha nova melhor amiga. Eu não podia brincar de *A ilha da fantasia* sozinha, mas podia espiar sozinha. Na verdade, essa era uma das regras de espionagem de Harriet! De repente, estar sozinha não era tão ruim. Comecei a andar sempre com um caderninho, registrando nele meus pensamentos. Eu não fazia muita espionagem. Minhas irmãs entenderam rapidamente o que eu pretendia com meu caderno, meus binóculos baratos e o exemplar de *Harriet, a espiã* que estava sempre comigo. Elas contaram para minha mãe, que me deu uma lição de moral sobre a importância de respeitar a privacidade dos nossos vizinhos. Nada demais. Eu estava mais interessada em escrever minhas reflexões no caderno do que em espiar nossos entediantes vizinhos. Ler e reler *Harriet* de certo modo me levava a um lugar novo, um lugar onde uma menina da minha idade vivia, uma menina que adorava ler, escrever e comer alimentos estranhos, igualzinho a mim. Harriet me levou para seu mundo, um lugar onde Ole Golly conversava com a gente, as crianças, como se fôssemos inteligentes e grandes, falando sobre escritores como Henry James, Dostoiévski e fazendo com que eles parecessem incríveis. Era um lugar de liberdade solitária e sanduíches de tomate. Quando Harriet percebia seus problemas com os amigos, eu não queria que ela resolvesse as diferenças. Eu queria que ela ficasse sozinha como eu.

Em meados de julho daquele verão, minha mãe e eu fomos para a Bélgica. Minha avó estava no estágio final de um câncer e minha mãe estava indo cuidar dela. Fui levada junto porque, aos dez anos, eu era nova demais para ser deixada sozinha em casa e talvez porque minha mãe tivesse percebido minha tristeza por ter perdido a companhia de Carol. Ela queria ficar de olho em mim. Meu pai e minhas irmãs mais velhas se juntariam a nós em agosto, quando iríamos para o leste, visitar parentes na Polônia. Eu estava feliz por viajar para a Bélgica, sem saber como minha avó estava doente. Sentei-me no avião me sentindo segura com minha mãe ao meu lado, meu exemplar de *Harriet, a espiã,* meu caderno e meu porquinho de pelúcia – o amado Piggy – pousado entre nossos assentos.

Eu me lembro de me sentar na cama onde estava minha avó, muito doente, mas ainda sorrindo, ainda com vontade de me mimar. – Quando eu estiver melhor, vamos fazer compras –, dizia ela com uma voz amável, com sotaque e levemente trêmula. Mas ela não melhorou. Não me lembro de ninguém me dizendo que ela havia morrido. Só me lembro do dia em que minha tia me levou para comprar roupas para o funeral, uma saia azul, casaco branco e sapatos pretos.

Pouco antes do funeral, tive uma forte dor de cabeça, tão forte que vomitei várias vezes. Meu avô, que era médico, me deu um sedativo para que eu melhorasse e fosse ao funeral. Sentei-me ao lado da minha mãe, esperando sozinha no banco quando ela se levantou para ver o caixão. Minha mãe chorava, a única vez em que a vi chorar naquele verão, mas eu não me lembro de chorar; eu estava semientorpecida com o remédio para a dor de cabeça.

Nos dias que se seguiram, minha mãe me levou para passear por toda a Antuérpia. Íamos a todos os lugares. Era maravilhoso estar com ela, ir ao zoológico, ao porto à margem do rio, à casa de Rubens, cheia das pinturas dele. Eu gostei dos azulejos azuis e brancos ao redor da lareira na casa de Rubens; cada azulejo mostrava uma cena diferente da vida. À tarde, sentávamo-nos num café e dividíamos *waffles* doces, minha mãe bebia café, enquanto eu bebia chocolate quente. Eu escrevia várias coisas no meu caderno, poemas, pensamentos e anotações sobre o que eu vira naquele dia. Harriet estava sempre comigo. Minha mãe e minha tia compraram mais livros para que eu os lesse, mas eu sempre voltava para as minhas páginas preferidas de *Harriet, a espiã,* como a cena em que Harriet descreve como começou a ouvir as conversas das pessoas enquanto bebia sua gemada num canto da lanchonete. Eu não tinha ideia do que era uma gemada, mas entendia que era divertido quando Harriet "ouvia as pessoas, mas não olhava para elas até que, ouvindo, soubesse como elas se pareciam. Ela, então, virava-se para ver se estava certa".

Minha mãe era boa de ouvir as conversas dos outros, mas eu era ainda melhor ouvindo o que as pessoas diziam em inglês, nos cafés, ao nosso redor, e repetindo tudo o que eu ouvia. Então, minha mãe e eu nos virávamos e olhávamos os casais e famílias, escondendo nossas risadas com as mãos.

Em agosto, meu pai e minhas irmãs chegaram à Bélgica. Viajamos rumo à Polônia, atravessando a Europa para visitar os irmãos que meu pai não via há trinta anos, desde a Segunda Guerra Mundial. A paisagem mudava muito à medida que atravessávamos a Alemanha rumo à Polônia. Os edifícios de pedra e tijolos, as ruas limpas e as rodovias expressas lisinhas davam lugar à simetria insípida e cinza dos blocos de apartamentos, interrompidos por estradas esburacadas e vastas colinas com plantações cuidadas à mão ou por um maquinário enferrujado.

A princípio ficamos na casa do irmão mais velho do meu pai, que vivia e trabalhava numa antiga propriedade que agora era uma enorme plantação de flores. Apesar da pobreza do que já tinha sido uma casa grandiosa, a propriedade ainda era impressionante, com fileiras maravilhosas de flores que se espalhavam em todas as direções. Havia também uma pequena horta perto da casa. Comemos saladas com tomates e pepinos frescos nas demoradas refeições, com pessoas sorrindo e conversando num idioma que, pela primeira vez, minha mãe não entendia. Ela só meneava a cabeça e sorria e nós, as meninas, repetíamos seus gestos.

Depois, rumamos para Cracóvia para visitar outro irmão do meu pai. Sua casa com apenas dois cômodos era cheia de vasos, fotografias, tigelas, pinturas e livros. Móveis que não se combinavam lutavam por espaço. Também havia refeições demoradas (pão e salsicha), muitos sorrisos e conversas num idioma que eu não compreendia. Fiquei restrita às conversas com minhas irmãs e à leitura de *Harriet*. À noite, minhas irmãs e eu dormíamos no cômodo dos fundos da casa, dividindo a maior das duas camas com nossa tia. Meus pais dormiam numa outra cama, uma estreita cama "de viúva".

Minha tia era gorda e quando se virava no colchão de molas minhas irmãs e eu éramos jogadas para cima e para os lados. Anne-Marie esticou seu braço para me segurar na cama. Eu teria caído no chão se não fosse sua mão firme. Segurei Anne-Marie com uma das mãos e com a outra segurei o porquinho de pelúcia. Nenhuma de nós conseguiu dormir muito.

Deixamos a Polônia e fomos para o norte, para a Alemanha Oriental, com a ideia de atravessá-la de volta à Europa Ocidental por Berlim. Mas os turistas tinham de entrar em Berlim Ocidental pelo sul a fim de evitar Berlim Oriental. O motivo para isso se tornou óbvio à medida que avançamos pelas ruas de Berlim Oriental. Nosso reluzente carro ocidental parecia um espetáculo de fogos de artifício contra um céu brilhante. As poucas pessoas que passavam por nós nas ruas paravam para olhar. Dentro do carro, todas as conversas cessaram e seguimos em silêncio ao longo de quarteirões inteiros de prédios em ruínas, sob a luz fraca dos postes de luz. Somente o posto militar Charlie, o ponto de parada antes de Berlim Ocidental, estava aceso, iluminado contra o céu escuro. Saindo do telhado da casinhola que se estendia pela estrada, estava o que parecia ser uma centena de luzes cruzando nosso caminho à medida que nos aproximávamos.

No posto de controle, os guardas pararam nosso carro e nos mandaram sair. Nós, as meninas, fomos separadas dos nossos pais e levadas para dentro de uma salinha comprida e estreita. Para mim, pareceu que ficamos lá, juntas e sozinhas durante horas. Quando finalmente nos permitiram sair, nossos pais estavam imóveis ao lado do carro. Os guardas o revistavam de cima a baixo. Nossas malas estavam empilhadas na calçada e as portas do carro estavam abertas, assim como o porta-malas. Um guarda estava inclinado sobre o porta-malas, metade do seu corpo dentro do carro e suas mãos procurando e se infiltrando nos espaços vazios. Outro guarda dava a volta no carro com um espelho preso numa rodinha, o que lhe permitia ver sob o veículo, enquanto outro, sentando na frente, voltava-se para o banco traseiro a fim de procurar por sob os assentos. Os guardas até abriram o capô da frente do carro para verificar o motor.

– O que eles estão procurando? –, perguntei.

– Shhh! – Minha mãe fez um sinal negativo com a cabeça, sua boca franzida estava bem fechada. Um dos guardas se virou para me ver. Sua expressão era impassível, os olhos frios e a boca uma linha reta de desaprovação. Quando a revista do carro acabou, devolveram nossos passaportes, permitindo que voltássemos ao carro e continuássemos a viagem até Berlim Ocidental. Passamos pela terra de ninguém entre o leste e o oeste, cerca de cinquenta metros de asfalto que brilhava sob os holofotes. A escuridão se prolongava até o outro lado da travessia e os portões de Berlim Ocidental nos acenavam. Meu pai finalmente respondeu à minha pergunta.

– Eles estavam procurando por pessoas no nosso carro, para ver se estávamos levando algum parente para o Ocidente.

– E se eles encontrassem alguém? –, perguntei.

– Eles seriam presos e provavelmente mortos.

Meu pai estava irritado, olhando para trás pelo espelho retrovisor. Ele não estava olhando para nós, no banco traseiro. Ele estava olhando para os guardas que deixamos para trás.

Vi que minha mãe lançou um olhar de advertência para meu pai, mas ele continuou.

– Pessoas morrem todos os dias tentando sair do país, tentando entrar no lado Ocidental. Você entende isso?

– Sim –, respondeu Anne-Marie por todas nós. Ela pegou na minha mão e a apertou.

Uma semana mais tarde, voltamos para Chicago. No meu entusiasmo por estar em casa, deixei *Harriet, a espiã*, meu caderno e o porquinho de pelúcia no táxi. Meus pais tentaram localizar o táxi, mas sem sucesso. Durante semanas tive dificuldades para dormir. Eu acordava em meio a pesadelos dos quais não me lembrava, chorando e tremendo. Minha mãe me comprou outro exemplar de *Harriet* e uma amiga da família costurou outro porquinho de pelúcia para mim. Comprei um caderno novo e comecei a escrever tudo novamente. Escrevi sobre Harriet, sobre Carol, sobre minha avó, sobre meus parentes na Polônia e o medo no posto militar da fronteira. Escrevi um poema sobre Anne-Marie e sua mão me protegendo do outro lado do colchão de molas na cama da minha tia e depois no assento traseiro do carro, enquanto nos aproximávamos do lado Ocidental. Já não tenho mais aquele caderno, mas tenho meu segundo exemplar de *Harriet, a Espiã* e o porquinho de pelúcia. O consolo do porquinho eu superei, o consolo do livro, jamais.

Eu precisava de consolo agora. E precisava de esperança. Esperança de que, quando a vida mostra seu lado mais cruel, ela voltará a mostrar seu melhor lado. Nós, as meninas, fomos muito protegidas das infelicidades. Mas então tudo mudou. Minha irmã, aquela que me estendeu a mão, estava morta. A vida havia soltado sobre nós suas injustiças, sua dor dispersa ao acaso, a destruição impiedosa das nossas certezas. Eu tentei correr, mas agora tentaria ler. Eu podia confiar na promessa de Connolly de que "as palavras têm vida e a literatura se torna uma fuga, não da vida, e sim para dentro da vida".

Minha leitura dos livros seria disciplinada. Sei que haveria prazer nas minhas leituras, mas precisava também me ater a um cronograma. Sem um compromisso, o resto da vida poderia se infiltrar e roubar meu tempo e eu não poderia ter o tanto que queria ou precisava. Eu não poderia fugir se não tornasse os livros minha prioridade. Tem sempre poeira para limpar e roupas para dobrar; tem sempre leite para comprar, jantar para cozinhar e louça para lavar. Mas nada disso poderia me manter afastada por um ano. Eu estava me permitindo um ano sem correrias, sem planejamentos, sem sustentar os outros. Um ano de nãos: não me preocupar, não controlar, não ganhar dinheiro. Claro que a nossa família poderia usar um dinheiro a mais, mas conseguimos tanta coisa com apenas um salário, poderíamos continuar assim por mais um ano. Nós abdicaríamos do supérfluo e nos satisfaríamos com o que já tínhamos.

Planejei começar meu projeto de um livro por dia no meu aniversário de quarenta e seis anos. Eu leria meu primeiro livro naquele dia e no dia seguinte escreveria minha primeira resenha. As regras para meu ano eram simples: eu não podia ler o mesmo autor duas vezes, não podia reler nenhum livro que já tinha lido e tinha de escrever sobre todos os livros que lesse. Eu leria novos livros, novos autores e leria livros antigos de meus escritores preferidos. Eu não leria *Guerra e paz*, mas poderia ler o último romance de Tolstói, *Nota falsa*. Seriam todos livros que eu teria lido junto com Anne-Marie, se pudesse, livros sobre os quais teríamos conversado, discutido e alguns sobre os quais teríamos chegado a um acordo.

No verão anterior ao meu aniversário de quarenta e seis anos, eu criara um *website* de troca de livros – permitindo, assim, que as pessoas que precisavam de livros entrassem em contato com pessoas que queriam se livrar de velhos livros – e decidi usar este *website* como lugar de registro do meu ano de leituras diárias. Eu já o chamava de "Leituras O Dia Todo", uma premonição da vida futura. Perfeito. Qualquer pessoa que tenha filhos na escola sabe como bibliotecários e professores se entusiasmam com a ideia de fazer com que as crianças leiam todos os dias. Eu concordava com o entusiasmo, mas por que não estimular a leitura também nos adultos? Por que não alimentar esse hábito nas pessoas mais velhas? Meu ano de leituras intensas seria um projeto pessoal de fuga, mas meu *site* também seria um lugar para estimular outros adultos a lerem. O lema do *website* "Leituras o dia todo" era: Grandes Vantagens se Consegue Lendo Grandes Livros. Meu ano poderia provar que isso era verdade.

Ajeitei-me num cômodo do andar térreo, longe da cozinha. Lá havia um piano e a tuba de George junto com alguns discos velhos e vários livros de partituras. O cômodo tinha duas prateleiras e eu as limpei para que acomodassem os livros que emprestaria da biblioteca, que compraria e que pediria emprestado à família. Carreguei uma escrivaninha manchada de tinta – roubada do quarto de brinquedos – e sobre ela coloquei o computador cedido por Meredith, minha enteada, depois que ela comprou um *laptop*. Havia uma grande poltrona no cômodo e eu me perguntei o que faria com ela.

A poltrona parecia mais velha do que era, mas havia passado por várias coisas nos treze anos que estava conosco. Jack a trouxe para casa poucos dias antes de Michael nascer. Na época, era o móvel mais elegante do nosso apartamento, reluzente com seu cinzeiro branco de marfim, as pernas de mogno, braços estofados e o encosto graciosamente curvado. Mas... branca? Com um bebê de um aninho solto e munido de um marcador de texto e outro filho a caminho ela não permaneceria branca por muito tempo. Eu sabia, por experiência própria, que haveria muito mais do que apenas caixas de suco pingando pelos móveis com um bebê para ser alimentado.

A poltrona ficou no nosso apartamento – como foi comprada numa liquidação, não havia como devolvê-la – mas não ficou branca por muito tempo. Começaram a surgir manchas de todas as tonalidades, roxa (vinho), marrom (café), rosa (marcador), azul (sorvete) e amarela (leite). Quando tivemos nosso terceiro filho, a poltrona estava tão manchada que parecia um mapa-múndi. Mas ainda era resistente e muito confortável, seus braços ainda estofados e servindo como um grande apoio para balançar crianças. Reestofamos a poltrona com um tecido bem resistente, um roxo suave com uma estampa de flores e trepadeiras, contra o qual as manchas ficariam invisíveis.

Por mais invencível que a poltrona fosse às manchas, ela era impotente contra gatos. Ou melhor, um gato em específico. Milo fora adotado como um presente para Michael. Era um gato preto e branco peludo. Mas ele tinha um defeito. De vez em quando ele fazia xixi, só um pouquinho, na poltrona roxa. Era como se ele estivesse marcando a poltrona como sua – e somente sua. Sua marca funcionou. O cheiro da urina de gato é insuportável para a maioria dos humanos e ninguém conseguia ficar sentado ali por mais de um ou dois minutos. Meu marido queria jogar a poltrona fora depois de cheirar as marcas do amor de Milo, mas eu me rebelei. Era uma boa poltrona e naquele tempo eu já tinha muitas lembranças associadas a ela. Meredith lia para Peter sentada naquela poltrona, a foto de nascimento de Michael fora tirada lá e a poltrona foi o lugar preferido de George para mamar. Peter a usava como cenário para seus monólogos envolvendo reis e rainhas. Por mais que fedesse, ela ainda era majestosa.

Coloquei a poltrona no lugar mais isolado da casa e a limpei diariamente com um elixir mágico que conseguiu diminuir o fedor a um nível apenas razoavelmente repulsivo. O líquido também conseguia evitar futuras investidas de Milo. Ele nunca se sentou ou urinou na poltrona novamente. Ao longo dos anos, o cheiro diminuiu e hoje em dia a poltrona não tem fedor algum, exceto por uma ou outra lufada desagradável. Ainda era muito resistente e confortável. A poltrona roxa seria minha poltrona de leitura.

Eu estava pronta – pronta para me sentar na poltrona roxa e ler. Durante anos, os livros abriram uma janela pela qual eu podia ver como as outras pessoas lidavam com a vida, suas tristezas, alegrias, monotonias e frustrações. Eu os usaria novamente para buscar empatia, orientação, amizade e experiência. Os livros me dariam tudo isso e mais. Depois de três anos carregando a verdade sobre a morte da minha irmã, eu sabia que jamais me livraria da tristeza. Eu só esperava um pouco de alívio. Esperava algumas respostas. Queria que os livros respondessem à persistente pergunta sobre o porquê de eu merecer viver. E como eu deveria viver. Meu ano de leituras seria minha fuga de volta à vida.

3

Tanta beleza no mundo

Relembrando esta noite, meu coração e estômago amolecidos, finalmente conclui que talvez a vida se resuma a isto: muito desespero, mas também estranhos momentos de beleza, momento em que a vida já não é a mesma... nem nunca será.

Muriel Barbery
A elegância do ouriço

Comecei a ler *A elegância do ouriço*, de Muriel Barbery, no trem rumo a Nova York no dia do meu aniversário de quarenta e seis anos. O dia havia começado com um café da manhã servido juntamente com beijos e abraços, envelopes e cartões feitos em casa esperando ao lado. Havia o cartão de sempre do meu filho Michael com as velas rigorosamente contadas sobre o bolo, cada uma desenhada com uma chama diferente. Era um bolo para se temer: tantas velas, tanto fogo. Havia um cartão dos meus gatos, assinado "dos gatos", feito por Jack. Sempre tivemos gatos, mas Jack nunca sabe o nome deles.

Abri os envelopes que haviam chegado pelo correio nos últimos dias. Havia um cartão dos meus pais e um dos pais do Jack com o anual presente em dinheiro. Com mais de cinquenta parentes, entre filhos, netos, bisnetos, genros e noras, os pais de Jack poderiam ir à falência com esses cartões de aniversário/dinheiro, mas, até que isso acontecesse, o presente já estava lá.

Havia uma última pilha de cartões para que eu lesse, um pântano cheio do humor ingênuo dos cartões personalizados da Hallmark do qual meu marido tanto gosta e que eu aprendi a gostar. Choros e sorrisos juntamente com nossa torrada com manteiga de amendoim e café. Eu me sentia grata por ser amada. Eu sabia que na maior parte dos dias não dava valor ao amor, assim como não dava valor à vida, mas naquele dia eu quis que as coisas fossem diferentes. Eu começaria o ano de leituras com gratidão. Gratidão por todas estas vidas e amor ao meu redor. Gratidão por estar viva nos meus quarenta e seis anos.

Sorri e chorei um pouco mais quando Natasha me ligou para me desejar feliz aniversário. Depois do café, respondi *e-mails* me desejando alegria no ano vindouro. Somente poucas pessoas sabiam do meu plano de ler um livro por dia durante um ano e ninguém o mencionou. Todos estavam certos de que eu teria de interromper o ano de leituras e ninguém queria que eu me sentisse constrangida se isso acontecesse. Eles achavam que meus compromissos na escola, ou quando as crianças ficassem doentes, ou as férias me obrigariam a perder um dia aqui, outro ali. Eles achavam que eu terminaria diminuindo a exigência, lendo um ou dois livros por semana. Mas eu sabia que podia cumprir meu projeto. Eu estava pronta para a disciplina. O plano podia contornar as horas na escola, no trânsito, durante a limpeza, cozinhando, fazendo compras e ainda assim atingiria a meta de fuga, aprendizado e prazer. Eu estava ansiosa por isso, precisava do consolo da leitura e antevia o prazer de me sentar na poltrona roxa com um livro e chamar isto de trabalho. Ao lhe dar o nome de trabalho, eu o santificava.

Ler sempre foi minha atividade preferida, mas agora havia se tornado um empreendimento digno do nome. Eu podia recusar cafés, reuniões de pais e mestres e exercícios dizendo que tinha trabalho por fazer. A maioria das pessoas achava que meu projeto era loucura, mas não importava e nem eram tantas pessoas assim. Eu precisava ler. Eu sabia que tinha a sorte de dispor de tempo e do apoio para fazer isso e não os desperdiçaria. Depois que tomei a decisão de ler um livro por dia durante um ano, não questionei o compromisso ou o prazer que teria pela frente. Fiz um plano e depois parei de discutir os benefícios e detalhes menores. Eu usaria o tempo que teria gastado discutindo minha escolha e mergulharia na tarefa de levá-la a cabo.

Quando Jack e eu falamos em nos casar e, depois, quando pensamos em ter filhos, foi a mesma coisa. Fiz minha escolha e a levei a cabo com toda a vontade, de corpo e alma. Jack era o homem da minha vida e me casei com ele pelo o bem e para esquecer o mal. Eu queria quatro filhos e os tive um depois do outro, segurando as pernas para o alto depois do sexo para garantir a fertilização e, depois, nove meses mais tarde, usando as mesmas pernas para me apoiar durante o parto.

Agora, eu havia me comprometido em ler um livro por dia. Não é a mesma coisa que o casamento ou a maternidade, mas ainda assim um compromisso. Ler *A elegância do ouriço* no trem foi, a princípio, difícil. As primeiras quarenta e poucas páginas do romance tinham várias referências jogadas aqui e ali sobre filosofia, música, cinema e arte. Mas em pouco tempo me apaixonei pelos narradores, Paloma e Renee. Paloma é uma menina de doze anos atolada numa crise existencial. Ela esconde sua inteligência e seu sofrimento por trás de um humor cáustico e de romances de mangá. Ela tem certeza de que não há nenhum objetivo ou significado na vida e pretende se matar no seu aniversário de treze anos. Uau e opa: essa menina não pode estar falando sério. Mas eu estava com medo de que ela quisesse mesmo se matar.

Renee, a recepcionista do prédio de ricos onde Paloma vive, esconde-se sob sua fachada de operária tola e mal-humorada para poder ficar invisível ao mundo. Ela quer ficar em paz e aproveitar em segredo os prazeres e consolo dos livros, da música, da arte e da boa música. Soube que me identificava com Renee quando li suas reflexões no livro: "Quando alguma coisa me aborrece, busco refúgio. Não preciso viajar para longe, uma viagem ao reino da memória literária basta. Onde alguém poderia encontrar distração mais nobre, companhia mais encantadora e fascinação maior do que na literatura?". Isso mesmo.

Quando cheguei a Nova York, estava presa ao livro. Eu o deixei de lado tempo o suficiente para meu almoço de aniversário com Jack e meus pais. Nós nos sentamos numa varanda com vista para o Main Concourse na estação Grand Central e bebemos champanhe. Enquanto almoçávamos, eu lhes contei que havia sido Anne-Marie quem primeiro me mostrou o magnífico teto da Grand Central, suas constelações douradas pintadas no teto num espaço amplo. Eu havia lido sobre o teto no mítico *Winter's Tale*, de Mark Helprin (leitura obrigatória nem que seja apenas pela descrição do teto e pela cena de uma poderosa mãe patinando triunfante pelo rio Hudson congelado com seu bebê preso nas costas), mas isso foi depois de Anne-Marie mostrá-lo para mim. As estrelas e demais imagens eram difíceis de ver naquele tempo, antes da restauração, mas sob o dedo apontado de Anne-Marie eu fiquei boquiaberta diante da vastidão das constelações. Anne-Marie fazia passeios turísticos sobre a arquitetura de Nova York quando estudava no Instituto de Belas Artes da Universidade de Nova York e ela sabia do que estava falando.

O teto da Grand Central é fascinante por vários motivos, mas o que a maioria das pessoas não percebe é que todo o céu noturno está ao contrário. O artista Paul Cesar Helleu baseou seu céu num manuscrito medieval que representa a visão que Deus tem do Universo, visto de cima das estrelas e não de baixo. "Ou então Helleu simplesmente cometeu um enorme erro e tentou explicá-lo usando uma justificativa medieval", explicava Anne-Marie. Eu sabia que ela achava que o pintor era um erudito preguiçoso que cometeu um grande erro. Como era muito cuidadosa com o trabalho, não existe a menor dúvida de que o teto teria sido pintado perfeitamente sob a direção dela.

Irremediavelmente atrasada para pegar as crianças na escola, eu esperava, no trem de volta depois do almoço, conseguir chegar em casa antes do ônibus escolar. Continuei lendo no trem, qualquer sono em potencial causado pelas várias taças de champanhe era combatido e vencido pela história: li com os olhos arregalados. Mal olhando para o coletor de passagens, resmunguei um "obrigado" e continuei virando as páginas. Um novo morador se muda para o edifício de Paloma e Renee. Ele fica amigo das duas e a força gentil da amizade de Kakuro tira Paloma e depois Renee de seus esconderijos. Elas começam a se revelar e encontram uma na outra compreensão e admiração. Juntos, os três, Kakuro, Paloma e Renee, reconhecem as possibilidades infinitas de surpresa que a vida oferece. Afinal, nem as pessoas nem a vida são previsíveis.

Cheguei em casa a tempo de servir o lanche de depois da escola. Manteiga de amendoim com biscoitos, maçã fatiada e suco de maçã. Chocolates, presente da minha mãe, agora divididos com os meninos. Mais beijos de aniversário e, depois, afastei-me. Sentei na poltrona roxa. Eu tinha apenas mais alguns capítulos de *A elegância do ouriço* para ler.

Será que Paloma deixaria de temer o futuro? E Renee deixaria de temer o passado? As últimas páginas do livro são cheias de sabedoria. Cada instante de uma vida pode ser visto em primeiro plano. O alimento para o aqui e o agora é encontrado no passado. Coisas boas aconteceram antes e acontecerão novamente. Momentos de beleza, leveza e alegria vivem para sempre. Paloma se compromete a encontrar aqueles "momentos de eternidade dentro do nunca" como um motivo para viver. Ela está antevendo momentos de beleza porque sabe que eles acontecerão. A prova está nos momentos que ela já viveu. Eu podia encontrar tais "momentos de eternidade dentro do nunca" e usá-los como um consolo para minha dor e como uma promessa para o meu futuro. Lembrei de algo que havia esquecido nos meus anos tristes depois da morte de Anne-Marie, que eu sempre teria as lembranças de Anne-Marie para me apoiar.

Fui até a cozinha, bati com o livro na bancada e disse para meus filhos:

– Este vai ser um ótimo ano.

A elegância do ouriço me fazia lembrar de Anne-Marie o tempo todo, do começo ao fim. Era como se eu pudesse ouvi-la dizendo:

"Sim, Nina, a vida é dura, injusta, dolorosa. Mas também tem toda a garantia – cem por cento, sem dúvida – de propiciar momentos inesperados de beleza, alegria, amor, aceitação e até euforia". Coisas boas. Nossa capacidade de vê-las e nos apegarmos a esses momentos bons é que nos permite sobreviver e até prosperar. E quando conseguimos compartilhar a beleza, a esperança renasce.

As pessoas costumam falar da importância de viver o aqui e o agora e demonstram inveja das crianças que aproveitam seus momentos de prazer sem se apegarem ao passado ou se preocuparem com o futuro. Ótimo, concordo. Mas é a experiência – a vida vivida – que nos permite lembrar de momentos que nos dão força. Nossa sobrevivência como espécie está ligada à nossa capacidade de nos lembrarmos (que frutas não comer; ficar longe dos animais com dentes de sabre; ficar perto do fogo, mas não tocá-lo). Mas a sobrevivência de nosso eu interior também depende das memórias. Por que temos narizes tão aguçados? Cheiro uma planta e desmaio de alegria. Por quê? Por causa das várias horas agradáveis que passei aos pés de uma árvore de Natal. O cheiro de pipoca é tão atraente por causa dos filmes que assisti comendo pipoca. O sabor de um bom azeite de oliva me deixa com fome porque uma ou duas azeitonas me fizeram companhia em várias refeições maravilhosas com vinhos exuberantes.

Fiquei na cozinha olhando meus filhos, meus cartões de aniversário numa fileira, os trabalhos da escola nas paredes e as últimas zínias do ano colhidas e colocadas num vaso. Passado e presente misturados. Cartões iguais todos os anos e novos cartões; trabalho escolar de quando meu filho mais velho ainda estava no jardim de infância e sua última obra da nona série juntamente com pinturas, máscaras e imagens feitas por seus irmãos ao longo dos anos; zínias plantadas na primavera e agora colhidas para o nosso prazer no outono. Passado e presente juntos têm esperança no futuro. Talvez meu passado e presente serviriam de cola para minhas duas partes divididas, a parte que não conseguia sair do quarto de hospital de Anne-Marie e a parte que não conseguia se afastar rápido o bastante. Com livros ao meu lado e meu passado e meu presente, tudo junto, eu poderia avançar para o futuro. Livros, passado e presente me impulsionando e me dando esperança do que eu podia me lembrar. Alertando-me para o que eu não podia esquecer. Estancando o sangramento dos cortes da vida.

Será que as lembranças de um tempo em que eu tinha paz, ou que transbordava de amor, ou que resplandecia em gratidão eram capazes de me sustentar em meio ao horror de perder minha irmã? Renee demonstrou para Paloma – e para mim – que se formos inteligentes o bastante para captarmos a beleza de tais momentos, podemos nos apegar a eles para sempre. Kakuro mostrou às duas – e para mim – que tais momentos são melhores quando compartilhados, no instante em que acontecem ou como lembranças. E Paloma mostrou a Renee – e para mim – como as possibilidades da vida, lembranças futuras a serem descobertas e nas quais se agarrar, podem destruir a dor que a aprisiona.

Lembrei-me, então, de como as memórias me vinham entrelaçadas e me ofereciam consolo. Passei meu primeiro ano da faculdade no exterior, em Barcelona. Em certa tarde chuvosa, pouco depois de decidir me estabelecer ali, fui sozinha ao Museu de Arte Moderna no Parc de la Ciutadella. O museu estava vazio por causa do tempo e da estação (não era um bom clima para turistas) e eu me demorei passeando de uma sala a outra. Eu estava pensando num menino com o qual havia rompido. Nico era um homem doce com uma moto incrível e bela aparência, mas não muito mais do que isso. Nosso namoro não tinha sentido, mas foi divertido. Ele me ajudou a controlar minha saudade de casa e me mostrou partes de Barcelona que eu jamais encontraria sozinha. Eu suspeitava que meu valor de diversão como "a namorada norte-americana" estava diminuindo, principalmente por causa da minha relutância em fazer mais do que segurá-lo pela cintura enquanto ultrapassávamos os carros sobre sua moto. Nós nos beijávamos e nos abraçávamos em nossas noites juntos, mas eu resistia em fazer qualquer coisa além disso. Eu não queria corresponder à expectativa de ser uma norte-americana fácil e suspeitava que houvesse uma namorada esperando pacientemente por ele todas as noites, depois que ele me deixava em casa.

Na noite anterior à minha viagem ao museu, Nico me levara de moto até o norte de Barcelona, pelo litoral. Finalmente, chegamos a um píer cheio de motos que iam e viam sobre as tábuas de madeira que se estendiam até o mar. Fomos até quase o fim do píer. Paramos e eu fiquei olhando para a vastidão negra da água.

Uma mudança nas nuvens permitiu que o luar as atravessasse. De repente a água estava cheia de vida, brilhando e reluzindo com um arco ondulante de luar. Ainda posso me lembrar de como estava frio naquela noite, do cheiro salgado no ar, do murmúrio dos outros casais que iam e vinham pelo píer e da dança encantadora do luar sobre a água. Nico tentou começar uma sessão de beijos e amassos, mas eu me afastei, descendo da moto para me aproximar do mar. Aquela paisagem era o que eu queria, eu nunca havia visto nada igual. A água estava explodindo de luz como se fossem fogos de artifício no céu, o luar se refletindo e se multiplicando sobre as ondas. Não queria ir embora, queria ficar no píer até que o luar desaparecesse. Queria estar ali quando o sol nascesse e outra luz, o brilho quente do dia, surgisse sobre as águas. Mas Nico insistia que tínhamos de voltar para a cidade. Subi na moto e nos afastamos. Nós dois sabíamos que nosso namoro havia acabado.

Passeando pelo museu no dia seguinte, deparei-me com uma pintura do nascer do sol. Não era a alvorada que eu quisera na noite anterior, alaranjada e rosa sobre a vastidão do mar. Mas era linda. A pintura era uma paisagem do sol nascendo por detrás de uma colina. No canto da obra, um eremita está saindo da sua caverna na colina. Ele levantou os olhos e jogou para trás o capuz do manto para admirar a paisagem. Linhas alaranjadas do brilho do sol se destacam em contraste com o pano de fundo pálido, iluminando o céu para além da toca do eremita. O mato na boca da caverna parece congelado pela geada, mais além, na encosta da colina, florezinhas desabrocham sob a primeira luz do dia. Não me lembro se havia pássaros na imagem, mas lembro de ouvi-los cantar. Fiquei quase uma hora diante daquela obra. Ouvia os pássaros e sentia a lufada de vento da primavera, as batidas preciosas da vida, a gratidão por mais um dia vivido.

Enquanto estava lá, lembranças das manhãs em que acordara mais cedo e saíra quando o sol estava nascendo (o céu manchado de alaranjado e rosa, o orvalho na terra e o frio áspero, os pássaros) se entrelaçaram às lembranças de ver a pintura que eu tinha agora diante de mim. As camadas de memórias formaram um casulo ao meu redor: a noite anterior no píer, ansiando pela alvorada; a pintura; as manhãs do meu passado. Camadas de tempo para serem guardadas e mais tarde saboreadas. As lembranças evocadas pela pintura, a sensação do vento de primavera, a compreensiva gratidão do eremita, o cheiro de flores e o orvalho gelado eram lembranças que, quando trazidas à tona, alimentaram e me consolaram naquele dia frio e úmido em Barcelona. Eu sabia, naquele momento, olhando para o eremita no seu esconderijo, que eu não ficaria sozinha em Barcelona. Eu acordaria pela manhã e encontraria a mesma alegria expressa na pintura. Eu podia sair do museu e acionar minha lembrança da pintura e as lembranças evocadas pela pintura e me sentiria bem. E as lembranças da noite anterior, a moto até o fim do píer, os braços envolvendo um moço que jamais veria novamente, o frio, o sal e o luar repentino sobre a água: eu também as guardaria na memória. E, ao longo dos anos, foi o que fiz.

Eu me apego a muitas lembranças. Quando meu filho mais velho tinha uns poucos meses de vida, levei-o para o Great Lawn do Central Park. Foi um ano antes da reforma do Great Lawn. Hoje é uma vastidão macia da melhor grama Kentucky, interrompida por campos de beisebol e sob os cuidados de um exército de jardineiros (e eles são militantes). O Great Lawn hoje é protegido por uma cerca alta que o circunda totalmente. As poucas entradas são fechadas quando a chuva deixa a grama molhada e vulnerável e em outros dias, aparentemente sem motivo algum. Mas naquele outono, quando Peter era ainda um bebê, o Great Lawn era um lamaçal sujo de terra e com uns montículos de grama, circundado não por uma cerca e sim por árvores que balançavam com toda a força dos ventos de outono. O ar estava seco e frio e o sol estava quase se pondo. Sentei-me num monte de terra, coloquei Peter no colo e fiquei contemplando o significado daquele momento. Durante nosso passeio pelo chão irregular, em meio ao frio de bater o queixo e o cheiro da terra batida, semelhante ao couro, as últimas luzes do dia irradiavam contra as folhas de outono que pareciam ferrugem recobrindo todas as árvores. Eu sabia que jamais me esqueceria daquele momento que passei com meu filho. Mas será que ele se lembraria? Anos mais tarde, outonos mais tarde, será que os sentidos dele ficariam tensos diante da mesma lufada de vento frio, a mesma luz e cheiro, e será que ele sentiria o mesmo entusiasmo da espera pelo fim do dia? Eu queria que ele sentisse o mesmo que sentira no meu colo, meu amor como um vislumbre de conhecimento sentido num futuro no qual talvez eu estivesse muito distante, um pouco do calor humano contra o frio que aumentava.

Este é um dom que nós, humanos, temos, o de nos apegarmos à beleza que sentimos em determinado momento para toda a vida. De repente a beleza se apodera de nós e, com gratidão, a aceitamos. Talvez não sejamos capazes de dizer o tempo e o lugar, mas as lembranças podem voltar com toda a força e sem aviso, assim como podem ser evocadas intencionalmente por determinado evento. O cheiro dos pinheiros, o perfume da pipoca, uma cerveja bem gelada, o gosto de menta: uma mistura de sensações e, então, de repente, uma visão clara da beleza, alegria ou tristeza. A beleza está nos momentos que persistem, os momentos que nos dão vida vezes sem fim. Estamos em meio a pilhas de lembranças em desordem. E prosperamos com o alimento que nos é dado pelo passado.

Poucas semanas antes de Anne-Marie morrer, ela saiu para um passeio no Jardim do Conservatório, no Central Park, em Nova York. O Jardim do Conservatório é um jardim fechado, o único do tipo no Central Park, exceto pelo campo de croqué do Sheep Meadow, o próprio Sheep Meadow e, hoje em dia, o Great Lawn. Mas ao contrário das cercas à mostra do campo de croqué e dos demais jardins, o Jardim do Conservatório é cercado pela beleza, por arbustos, árvores castanhas, muralhas de pedra recobertas de musgo e portões de ferro cheios de detalhes. O jardim é uma sinfonia em três partes de cor e escultura, de fontes, bancos, corredores protegidos pela sombra e cantinhos ensolarados. Na primavera, dez mil bulbos de tulipa florescem e no verão todos os tipos de flores, trepadeiras, arbustos e capins também florescem. No outono, milhares de crisântemos se abrem em tons de roxo, creme, rosa e alaranjado. O inverno é marcado pelo silêncio, pelos galhos nus das árvores contra o céu e por chafarizes vazios e imóveis.

O dia em que Anne-Marie saiu para dar o passeio era um dia ensolarado de abril. O último abril da vida dela. No jardim, as folhas verdes das peônias e íris serviam de pano de fundo para o roxo e branco dos açafrões; o amarelo, creme e alaranjado dos narcisos e os azuis dos jacintos e das scillas. Anne-Marie caminhava apoiando-se pesadamente em Marvin, mas estava feliz por sair um pouco. Naquela manhã eles haviam recebido um telefonema. Um colega havia cometido suicídio, um jovem que perdera toda a esperança e se matara. Andando pelo jardim, Anne-Marie e Marvin conversavam sobre a morte. Anne-Marie olhava para as flores de primavera ao seu redor e para o céu azul brilhando em meio às macieiras em flor. Por mais doente que estivesse e por mais certeza que tivesse de que sua própria morte chegaria em breve, ela se virou para Marvin e disse que não conseguia entender o impulso dos suicidas, o abraço avassalador da tristeza que permitia que alguém tirasse a própria vida. "Como alguém pode se desesperar assim se há tanta beleza no mundo?"

Ela estava certa. Há sempre uma solução para o desespero, isto é, a promessa da beleza que nos aguarda no futuro. Eu sei que ela existe porque já vi e senti a beleza no passado. Pilhas de damasco em Roma, pegadas de guaxinim na neve, montes de ostras manchadas de branco pelo inverno, as folhas verdes da primavera, as folhas queimadas de alaranjado no outono, *Moça com garrafa d'água* de Veermer, as antigas muralhas de pedra de Connecticut que cercam meu jardim, Veneza ao pôr do sol, um céu e mar cor-de-rosa: lembranças da beleza, às vezes vivenciada sozinha, às vezes na companhia de outras pessoas.

Colum McCann, autor de *Deixe o grande mundo girar*, fala de uma visita que fez a Londres quando ainda era criança. Ele fora para lá, partindo de Dublin, a fim de visitar o avô que estava morrendo. Em

Londres, seu pai o levou para comer um hambúrguer e, quando a garçonete, que também era irlandesa, ouviu o porquê de o menino ter vindo a Londres, ela lhe acariciou o rosto e lhe trouxe uma taça de sorvete. Ele se lembrou dessa garçonete durante toda a vida. Aqueles momentos de gentileza e solidariedade são exatamente o tipo de ligação ao acaso que levaram McCann a escrever o incrível *Deixe o grande mundo girar.* São aqueles momentos que ele traz consigo ao longo do tempo para manter sua esperança viva. Momentos que podem renovar a crença de que o mundo pode ser um lugar bom e compassivo. Momentos de beleza.

Em *Nada a temer*, Julian Barnes fala sobre como a lembrança de tais momentos de beleza permite que ele espere que eles aconteçam novamente. Desistir da vida é inimaginável para Barnes porque há sempre a "promessa de um novo romance ou um novo amigo (ou um romance antigo ou amigo antigo), ou uma partida de futebol na televisão". Adoro essa frase pelo modo como Barnes revela nas alegrias e prazeres pequenos do ser que há razão o bastante para viver. Jamais sentirei novamente a alegria de segurar meu filho recém-nascido nos braços – isto é passado para mim – mas os prazeres de um livro, ou de um quadro, ou de um passeio no parque estão todos no meu passado e com certeza se repetirão no futuro.

Olhar para trás a fim de seguir adiante. Em seu poema "Andando de Costas", Adrienne Rich recomenda que se olhe para trás a fim de se ter uma perspectiva melhor da vida: "Vivemos centímetro a centímetro e só às vezes enxergamos a cena como um todo". Olhar para trás me permite ver a totalidade do meu presente, do que foi preciso acontecer para que eu chegasse onde estou e para que eu saiba o que quero ter na vida que tenho diante de mim. A imagem panorâmica, a perspectiva mais ampla. Entendo o que é importante olhando para trás e vendo o que lembro.

Mais tarde, durante meu ano de leituras, eu me depararia novamente com a advertência de se olhar o passado, porque "tais olhares sempre nos tornam mais sábios". A frase estava nos contos reunidos do volume *Twice-Told Tales*. O exemplar que eu tinha era antigo, impresso em 1890. Alguém antes de mim sublinhara a frase e ela também me chamou a atenção. Tais olhares para o passado realmente são capazes de fazer alguém seguir adiante com um pouco mais de sabedoria. E assim, eu prosseguiria com meu ano: leituras no presente, memórias no passado, sabedoria no futuro.

Eu entendi porque estava onde estava agora, com todo um ano de novos livros diante de mim. Estava aqui para ler, como planejado. Mas era também necessário que eu voltasse no tempo, para o meu passado. *A elegância do ouriço* me deu o primeiro sinal de que meu plano para um ano de leituras mudaria. Meu plano evoluiria à medida que o ano avançasse e eu não podia saber como. Meu ano de fuga seria algo bem diferente do que eu havia esperado. Consolo, sim; prazer, claro. Mas agora eu também era obrigada a voltar ao passado e recuperar algumas memórias. E era obrigada a fazer algo ainda maior: compartilhar o que eu encontrava nos livros e recuperar as minhas memórias. Eu escreveria sobre o que li não apenas como o registro pessoal de uma empreitada, e sim para compartilhar com qualquer pessoa que chegasse ao meu *website* a mágica dos livros aos quais eu estava me entregando. Eu encontraria "o estranho instante de beleza" e o "sempre dentro do nunca". Eu me apegaria firmemente a esses momentos e ao mesmo tempo os passaria adiante. O que mais mudaria no meu plano de ler e escrever? Não fazia a menor ideia. Meu ano de leituras mágicas havia começado.

4

EM BUSCA DE LIVROS E TEMPO

O que eu já dei a ela?
A felicidade da generosidade.
Edith Wharton
The Touchstone

Fui à biblioteca no começo de novembro, a procura de livros. Acrescentando um novo método à minha fórmula antiga de buscas e prazer em bibliotecas, descobri um novo carregamento para minha segunda semana de leituras. O novo método envolvia a busca pelas estantes, como sempre, escolhendo qualquer coisa que tivesse um bom título, mas acrescentei o quesito de pegar apenas livros com pelo menos três centímetros de espessura. Três centímetros de espessura, num livro de capa dura de tamanho padrão (isto é, com uma altura de 21 a 25 centímetros), geralmente se traduzem num total de 250 a 300 páginas. Como eu lia cerca de setenta páginas por hora, eu podia ler um livro de trezentas páginas em pouco mais de quatro horas. Resenhar o livro demoraria mais. Só uns poucos dias da experiência de resenhar livros haviam me mostrado que não havia tempo predefinido para se escrever sobre um livro. Era algo que podia levar trinta minutos ou cinco horas, dependendo do quanto o livro fora importante para mim e do quão fácil ou difícil era traduzir a importância do livro nas palavras da tela do meu computador. Pelos meus cálculos, levava em média duas horas para escrever uma resenha, se planejasse com antecedência.

Seis horas para ler e escrever eram as mesmas seis horas que eu tinha para meus afazeres cotidianos, pelo menos durante a semana. Os finais de semana eram imprevisíveis, mas eu podia reservar quatro horas pela manhã, principalmente se acordasse bem cedo. Foi assim que planejei meu ano: se gastasse duas horas escrevendo e publicando uma resenha, não teria problemas para terminar de ler um livro por dia no horário em que o ônibus da escola chegasse (e, no rastro, as ondas de lanches, deveres de casa, atividades, manhas ou euforias que eu tinha de compartilhar). Eu seria capaz de planejar e preparar o jantar (não muito bem, mas tampouco pior do que antes do início do meu projeto de um livro por dia durante um ano); eu poderia manter a roupa sob controle (cuecas limpas em todas as gavetas); e uma faxina por alto seria feita (por alto mesmo: tirar farelos das bancadas, colocar a louça na máquina, limpar a areia dos gatos e varrer a casa). Nos finais de semana, eu teria de ler um pouco à noite, mas tudo bem – eu poderia conseguir isso pedindo pizza e contanto que Jack preparasse pelo menos um bom jantar. Seria capaz de escrever minhas resenhas, ler meus livros e estar presente para a família, como entusiasta, motorista, compradora e entregadora de supermercado, faxineira, cozinheira, amiga, conselheira, disciplinadora, amante (do meu marido, claro, não de todo mundo) e, principalmente, senhora dos meus domínios.

E eis que ali estava eu na biblioteca andando entre as prateleiras, à procura de livros com bons títulos e da espessura certa, autores interessantes, autores novos e antigos. Pegava os livros e os devolvia. Encontrei mais ou menos oito livros que queria mesmo ler. Eu os retirei e os levei para casa, colocando-os na estante ao lado dos livros que ganhei de presente no meu aniversário. O que antigamente seria material de leitura para um ou dois meses agora era material para mais ou menos duas semanas. Um calafrio de entusiasmo se apoderou de mim. Eu era capaz! Eu me sentia como se tivesse ganhado na loteria e participado da melhor brincadeira de todos os tempos, tudo isso envolta numa grande sensação de completa gratidão. A vida era boa.

Eu dava uma olhada nos títulos enquanto esperava para ser atendida. Meus dedos pousaram em *As intermitências da morte*, de José Saramago. Saramago, um escritor português, ganhou o Prêmio Nobel de Literatura em 1998. Eu havia adorado seus livros *Ensaio sobre a cegueira* (adaptado para o cinema com Julianne Moore, Mark Ruffalo e Danny Glover) e *A caverna*. *As intermitências da morte* era seu livro mais recente, encontrado na estante de lançamentos da biblioteca. Ele deveria ser devolvido dentro de três dias. Sem problemas: eu o leria hoje mesmo, resenharia amanhã e o devolveria no fim de semana.

Peguei o livro e entrei na cozinha para preparar um lanche para mim. Hoje, eu estava começando tarde – exceto pela minha visita à biblioteca –, mas *As intermitências da morte* é um livro com menos de 300 páginas e eu confiava que Saramago faria com que as páginas passassem rapidamente.

O livro começa com a frase: "No dia seguinte, ninguém morreu". E logo me vi num país onde ninguém morre. Parecia bom para mim. Trinta e cinco minutos, quarenta e três páginas e um lanche mais tarde, o telefone tocou. O identificador de chamadas mostrava que era uma ligação do Departamento de Educação Pública de Westport. Eu não podia ignorar a ligação. Coloquei meu lápis dentro do livro para marcar a página na qual estava e atendi à ligação.

– Alô, Nina, aqui é a Sandra, da Kings Highway. Martin já reclamou duas vezes hoje de dor de estômago e agora está vomitando. Sandra era a enfermeira da escola e uma ótima conhecedora das doenças infantis, tanto as da mente quanto as do corpo. Desta vez a avaliação e diagnóstico pareciam bastante simples. Martin tinha de voltar para casa.

– Ele está bem?

Sandra entendeu o que eu queria saber. Ele estava chorando?

– Não, ele está bem, só quer a mãe e uma cama com um balde ao lado.

– Há alguma epidemia por aí?

– Sim, é uma epidemia horrível que dura só vinte e quatro horas, mas não é nada agradável.

– Vou buscá-lo. Estarei aí em cerca de dez minutos.

Somente às nove e meia da noite é que voltei para *As intermitências da morte.* Martin precisava de cuidados e também era preciso preparar o jantar e colocar os meninos para dormir. Agora, eu tinha duas horas e meia até a meia-noite e mais de duzentas páginas para ler. Afundei-me na poltrona e mergulhei no livro. Eu podia sentir as palavras me atraindo, segurando-me com uma sensação de ansiedade e prazer. Por sorte, a melhor parte do livro – e o livro todo era tão bom – está nos capítulos finais. Cheguei a eles às onze da noite e qualquer preocupação que tivesse começando a se infiltrar havia desaparecido. Eu não tive problemas para permanecer acordada em meio as tentativas da morte de seduzir o jovem pelo qual ela se apaixonara e até sua rendição final ao amor. O amor superando a morte: sim!

Meia-noite. Havia terminado a leitura e deixei escapar um suspiro de satisfação. Era uma grande leitura e seria interessante escrever sobre ela. Não era um problema estar acordada tão tarde. O fim de semana começara oficialmente e eu podia dormir um pouco mais amanhã. Configurei o alarme ao lado da minha cama para as sete (uma hora a mais de sono!) e apaguei a luz.

O dia seguinte, cheio de desenhos animados exibidos sem interrupção, tornou mais fácil a tarefa de manter Martin deitado, descansando diante da televisão. O mais difícil foi mantê-lo separado dos irmãos, mas eu tinha de fazer isso. Eu não queria que a epidemia do que quer que fosse se espalhasse por toda a família. Segurando o vomitório azul (vazio) sobre a cabeça, alertei as crianças mais velhas sobre a doença e lhes disse que Martin tinha de ficar isolado em seu próprio sofá, sem que ninguém o tocasse ou incomodasse. A visão daquele vomitório foi convincente o bastante e quando Jack sugeriu levar os meninos mais velhos para comer panquecas, fiquei sozinha em casa. Com uma criança doente.

Escrevi minha resenha aos poucos, indo e vindo da banheira, onde limpava o vomitório de Martin várias vezes, e também o pobre menino, trêmulo e pálido. Ele parecia muito pequeno deitado no enorme sofá verde, seu corpo estava escondido sob um cobertor e um braço magro ficava estendido para pegar o vomitório. Sentei-me ao lado dele, tirando-lhe os cabelos que caíam sobre o rosto, pousando minha mão na sua testa para medir sua temperatura. Nada de febre. Voltei correndo para o computador, lutando para concluir a resenha. Depois, de volta para Martin e o vomitório. Depois, para o computador para finalmente publicar a resenha.

Naquela tarde, Martin dormiu durante horas e eu fiquei por perto, lendo. Escolhi um livro curto, *The Touchstone*, de Edith Wharton, e me senti relaxada, afundando no sofá ao lado de Martin enquanto lia. Na hora do jantar, Martin estava melhor, importunando os irmãos e pedindo comida. Jack preparou macarrão e eu continuei com a leitura de *The Touchstone.*

The Touchstone é um livro sobre moralidade e identidade, como todos os livros de Wharton. Ela é especialista em abrir as cortinas das propriedades privadas e dos costumes para revelar a dualidade da vida, a luta entre a identificação pública – "descoberta" – de alguém e o esforço intencional para ocultar o que é particular ou ridículo, a fim de ostentar alguma respeitabilidade, riqueza e, mais importante, segurança. Wharton envolveu suas ideias a respeito da natureza humana em tramas tensas de amor, intriga e traição. *The Touchstone* é uma história contada com perfeição, uma leitura rápida e boa.

Terminei o livro rapidamente, pouco antes do jantar, rindo das cenas hilariantes de Wharton sobre as bênçãos do casamento ("A grama do quintalzinho era lisa como uma barba benfeita e uma colina avermelhada se estendia até a janela do quartinho de um bebê que nunca chorava") e tremendo ao ler o que ela havia escrito sobre o papel da filantropia, na qual o "prazer da generosidade" satisfazia ambas as partes, a que estava em necessidade e a que ostentava a generosidade. Prometi reservar aquela noite para Jack, meu marido generoso e gentil, que preparara três refeições para que eu tivesse todo o tempo de que precisava para ler meu livro e cuidar do meu filho doente. Sábado à noite, livro concluído, crianças na cama e inspirada por Wharton, fui retransmitir a Jack minhas próprias mensagens de amor e compromisso marital. Mas ele estava dormindo no sofá e em pouco tempo me juntei a ele, dormindo no outro sofá, a televisão ligada, mas sem ninguém para assistir. As mensagens teriam de esperar.

Na segunda-feira pela manhã, Martin estava completamente recuperado. Meus quatro filhos entraram no ônibus com pouco resmungo e nenhuma corrida de última hora em busca de qualquer coisa esquecida. Tomei um banho e me vesti, preparei café fresco e me sentei diante do computador, pronta para escrever uma rápida resenha de *Silks*, o novo romance policial de Dick Francis, que eu havia lido no domingo. Os domingos eram reservados aos livros policiais, o dia em que eu me permitia um pouco de doce e refrigerante na forma de romances intrigantes e de leitura rápida, de dedução, investigação e resolução.

Foi divertido ler *Silks*, mas escrever a resenha foi mais difícil do que eu havia imaginado. Como expressar o valor de entretenimento de um bom romance de Francis e ao mesmo tempo reconhecer sua composição encantatória? Esforcei-me por bem mais de duas horas e depois me recostei na cadeira para revisar o texto. O telefone tocou e na correria para saber se outra doença infantil havia surgido para me atrapalhar, apertei o botão errado do computador. Quando voltei da ligação, que simplesmente perguntava se eu estava satisfeita com meu serviço de TV a cabo (Maldição! Eu tinha de me lembrar de verificar o número no identificador de chamadas sempre), descobri uma tela em branco diante de mim – sem nenhuma das palavras que eu passara a manhã toda escrevendo.

Assim que parei de gritar como uma idiota para a tela em branco e me pus a escrever outra resenha, já estava na hora do almoço. Eu não tinha fome. Estava frustrada. Que se dane o almoço, a roupa que eu pretendia lavar naquela manhã e meu plano de esterilizar o sofá e a cama onde Martin ficara doente. Eu tinha de começar a ler o livro do dia e tinha de começar já. Peguei *O mestre de São Petersburgo*, de J. M. Coetzee, sentei na poltrona roxa e comecei a lê-lo. Depois do que pareceram uns poucos minutos, a porta se abriu. Os gritos dos meninos que voltavam da escola ecoavam por toda a casa.

Outra noite acordada até a meia-noite. A vida real me manteve afastada do livro a tarde toda. Pensei no "prazer da generosidade" de Edith Wharton ao levar os meninos para cá e para lá, fiz compras rápidas no mercado (pão, banana, leite, suco de laranja – meu mantra diário das coisas que parecia que sempre precisávamos de mais), fui até a estação para pegar Jack e enfiei toneladas de roupas na máquina de lavar. Todo mundo queria jantar – surpresa! Deixei queimar alguns cortes de frango e pus uma salada semipronta numa tigela. Limpei a louça do jantar, dobrei as roupas limpas e comecei a faxinar a casa e preparar as crianças para que fossem dormir. Quando finalmente me sentei novamente com Coetzee e Dostoiévski, já eram dez horas. Eu estava cansada, exausta. No andar térreo, estava sozinha, enquanto meu marido dormia no andar de cima: as mensagens de amor teriam de esperar até amanhã.

O prazer que eu sentia servindo minha família estava se confundindo com o meu plano. Eu podia planejar as leituras, as resenhas, o tempo gasto cozinhando e limpando. Mas como planejar o tempo que se gasta cuidando e amando? O "prazer da generosidade" teria de vir de outro jeito agora, com os meninos e o marido se esforçando para que eu tivesse tempo e espaço para meus livros. Um livro por dia? Durante um ano? Eu precisaria de todo o tempo e espaço – e amor – que eles poderiam me dar. E eu prometi lhes devolver com todo o prazer que eu sentisse.

5

REORGANIZANDO OS RITMOS

O mundo estranho gira.
Paul Auster
Homem no escuro

Na noite seguinte, durante o jantar, anunciei uma nova regra dentro de casa. Criei uma agenda de limpeza conjunta. Os meninos mais velhos ficariam responsáveis pela limpeza depois do jantar, dois dias sim e dois dias não, e eu limparia nos finais de semana. Aos meninos mais novos caberia a tarefa de pôr e tirar a mesa em dias alternados. Os meninos também ajudariam com a roupa suja, trazendo-as para a lavanderia e guardando as roupas limpas.

– A mesada de vocês aumentará –, prometi.

– Mas você nunca se lembra de nos pagar –, argumentou Michael.

– Vocês nunca se lembram de me pedir –, respondi, anotando mentalmente que deveria lhes pagar a mesada mensalmente, sem falhas. Depois do jantar, George me abordou com um livro nas mãos.

– Quero muito que você leia este livro, mãe. Acho que você gostará.

Peguei o livro das mãos dele. *Watership Down*, de Richard Adams. Eu sabia que era um dos livros preferidos de George. Abri-o e o virei até a última página. O livro tinha quase quinhentas páginas. Olhei para George. Sua expressão era uma mistura de desafio e súplica.

– Se você pretende mesmo ler um livro por dia, tem de ter certeza de ler apenas bons livros –, argumentou. – E eu sei que este livro é bom. Quero que você o leia.

Fiz que sim.

– Claro que o lerei. Coloquei o livro na bancada da cozinha, sobre outros livros que me aguardavam. – Mas *este* será um longo dia de leitura –, disse.

– Você não o lerá amanhã? –, perguntou ele.

– Não, mas em breve, prometo.

George franziu a testa e eu contive um suspiro. Seria difícil encontrar um dia com tempo livre o suficiente para um livro tão longo. Mas como eu podia negar uma coisa dessa para meus filhos?

De acordo com a dona da lavanderia, eu tive quatro filhos porque comi tâmaras secas na minha noite de núpcias. A atividade conjugal na qual me envolvi naquela mesma noite, repetida a intervalos regulares nos meses e anos seguintes, exerceu apenas um pequeno papel, de acordo com a senhora Kahng. Usando fotografias do casamento recente do filho, a sra. Kahng me explicou uma antiga tradição coreana. Numa das fotos, ela está jogando nozes e tâmaras no filho e na nora, enquanto os noivos se esforçam para pegar as comidas com as roupas que estendem entre si. Há orgulho no rosto da sra. Kahng, felicidade na expressão do noivo e determinação na da noiva. A quantidade de nozes que eles pegam indica as meninas que o casal terá, enquanto as tâmaras indicam os meninos.

Depois ela me mostrou outra fotografia, a foto do jovem casal segurando um volume envolto em algo colorido.

– As tâmaras e nozes que eles pegaram estão aqui –, explicou a sra. Kahng. – Eles têm de comer as nozes e as tâmaras na noite de núpcias e então... Cotoveladas e piscadelas. Sim, eu entendia, mesmo que não houvesse uma foto.

Peter nasceu poucos meses depois do nosso primeiro aniversário de casamento. Michael veio dois anos mais tarde, George três anos depois de Michael e Martin três anos depois de George. Não exatamente um atrás do outro, mas quase. Se eu tivesse continuado a ter filhos, tenho certeza de que seriam todos meninos, por mais que eu não fizesse a menor ideia de quantas tâmaras foram colocadas na salada do meu casamento há tantos anos. Eu queria uma família grande porque cresci lendo sobre tempos felizes compartilhados por irmãos em livros como a série dos gêmeos Bobbsey (quatro crianças na família); *All of a Kind Family*, de Sydney Taylor (cinco crianças); *The Saturdays*, de Elizabeth Enright (quatro crianças); e o meu preferido, lido e relido várias vezes, *Cheaper By the Dozen*, de Frank Gilbreth Jr. e Ernestine Gilbreth Carey (doze crianças, claro).

Eu achava que quatro filhos era um número perfeito, um número par para que formassem duplas e compartilhassem sem brigas do tipo dois contra um. Eu teria tempo suficiente para cuidar dos meus quatro filhos e teria também momentos de solidão com cada um deles. Seria capaz de me lembrar do nome de cada um deles nas horas de fúria (e tenho vergonha de admitir que eu grito muito quando estou furiosa) e poderia pegar os quatro no meu colo ao mesmo tempo. Parei no quarto filho e fiquei em casa para cuidar deles, um depois do outro e todos juntos.

Durante doze anos, nosso tempo junto foi tão palmífero quanto a vida com meninos deveria ser. Não se usa muito a palavra *palmífero* hoje em dia, mas é uma boa definição. A palavra deriva dos benefícios das tâmaras, que crescem em palmeiras e significa glorioso, próspero, florescente. Quatro meninos a reboque, durante anos prosperamos. Os livros estavam sempre presentes em nossas atividades principais, com visitas regulares às bibliotecas e livrarias. Os livros eram usados para acalmá-los antes de dormir, para acalmá-los enquanto comiam (um bom livro pode distrair um menino de quatro anos enquanto ele come alguma coisa verde) e para estimular e inspirar, quando necessário. Quando os meninos precisavam correr e gastar energia, eu recorria à música. A abertura da ópera *Gui-*

lherme Tell nos fazia entrar a galope na cozinha, Madonna e Prince eram perfeitos para se dançar sobre os sofás e mesas.

Jogos sem regra alguma de corrida, gritaria, cabo de guerra e esconde-esconde se tornaram comuns depois que nos mudamos da cidade e nos vimos cercados por muito espaço, dentro e fora de casa. Havia balanços nas árvores, bicicletas, patinetes de todos os tamanhos e várias bolas de basquete reunidas em diferentes estágios de decomposição. Jack e eu nos afastávamos ao máximo de videogames e computadores. O tempo da família diante de uma tela era gasto com filmes e velhos programas de televisão. E sempre recorríamos aos livros. Nossas estantes transbordavam com séries como *Nárnia; Desventuras em série*, de Lemony Snicket, e todos da coleção *Jovens detetives*, juntamente com os *Arquivos Zack*, *Time Warp Trio*, *Capitão cueca* e, claro, *Harry Potter*. Todos os dias terminavam com livros e a maioria dos dias também começava com livros, coleções como *Foxtrot*, *Calvin e Haroldo* e *A história do universo em quadrinhos*, lida em meio a tigelas de cereais e copos de suco. Um dos meus livros infantis preferidos é *The Seven Silly Eaters*, de Mary Ann Hoberman. *The Seven Silly Eaters* conta a história de uma mãe violoncelista, leitora de livros, gordinha e desarrumada que se deleita com seus filhos, mas se torna cada vez mais (e com mais graça) atormentada a cada filho que tem. Os filhos se acumulam ano após ano, cada um mais fresco para comidas do que o último. O pai, belo e simplório, permanece nos bastidores da história, plantando árvores e fazendo compras no supermercado.

As ilustrações do livro de uma casa de pau a pique numa ilha cheia de gatos, crianças, roupas sujas, instrumentos musicais, utensílios domésticos improvisados e livros, livros, livros eram como uma cópia da minha própria casa. Tudo bem, não vivemos numa ilha; ao contrário, vivemos num bairro afastado em Connecticut numa casa construída por pedreiros anônimos. Mas aqueles eram meus filhos, cheios de boas intenções e amor, mas também teimosos, barulhentos e carentes. Aquele era meu marido, lindo e apoiador, disposto a plantar árvores, mas deixando toda a limpeza para mim. Aquela era a roupa suja da minha família, empilhadas e à espera para serem dobradas e espalhadas por toda a casa, sobre a bancada da cozinha, escadas e na mesa de centro diante da televisão. Aquele era meu violoncelo intocável (substituto de um piano que eu tentara aprender a tocar durante quinze anos) e aquelas eram minhas estantes entupidas de livros. Página após página e dia após dia – dias palmíferos.

Os dias palmíferos da minha família acabaram no ano em que minha irmã morreu. Os meninos sofreram muito com a morte, um depois do outro, durante um período de poucos meses. Três semanas depois da morte de Anne-Marie, uma das irmãs do meu marido também morreu. Mary estava doente há anos, mas eu sempre achei que ela viveria para sempre. Ela era lutadora, uma mulher durona, pão-dura, boa cozinheira e uma sonhadora capaz de colocar uma piscina de dez por dez metros num quintal de doze por doze e os vizinhos que se danassem. Na primeira vez em que me viu, ela me aconselhou a me afastar da família Menz, pronunciando "Menz" de um modo que evocava muitas dúvidas. Quando percebeu que eu estava determinada a permanecer no clã, Mary me aceitou e me manteve por perto. Tornei-me sua irmã honorária e, quando ela morreu, perdi outra irmã. E os meninos perderam outra tia.

Dias mais tarde, uma professora popular entre os alunos da escola morreu. Depois uma família vizinha perdeu o pai num acidente de carro. Durante o verão, nosso gato Milo desapareceu enquanto estávamos de férias; em setembro, nosso outro gato foi atropelado por um carro e morreu. Os meninos choraram quando enterramos Coco no quintal. As lágrimas dos meus filhos pareciam inesgotáveis e eu me sentia impotente contra elas.

Eu me lembro daquele outono durante o qual saí para um passeio sozinha, enquanto os meninos estavam na escola. Ao caminhar pelas ruas sinuosas que cercam minha casa, me pus a imaginar. E imaginei como seria voltar para casa e encontrar Anne-Marie lá, esperando por mim. Eu podia até mesmo sentir o alívio e a alegria se apoderando de mim ao me imaginar atravessando o jardim e a vendo, envolta num casaco quente, suas longas pernas finas à mostra e seus cabelos loiros brilhando ao sol. Eu sorri ao imaginá-la dizendo: "Não, nada daquilo aconteceu, meu corpo ainda está aqui, olhe, estou aqui". Eu a abracei com tanta força e choramos, rimos e ficamos olhando uma para a outra. Parecíamos as mesmas pessoas, eu e minha irmã, sem que jamais tivéssemos envelhecido.

Na minha imaginação, entramos na casa, onde lhe mostro os livros que estou lendo e esperamos pela volta das crianças. "Ah, eles vão ficar tão felizes", digo, enquanto esperamos. Os gatos também estão ali, vivos, ronronando e se esfregando contra nossas pernas. Eles entendem que Anne-Marie voltou do mesmo modo que eles voltaram: uma volta de todos nós aos velhos tempos. Anne-Marie se senta à mesa, o queixo apoiado nas mãos, os cotovelos na mesa, quase entediada. Conheço tão bem aquela pose. Ela não está entediada, só está distante, pensando. As crianças chegam em casa e somos todos felizes.

As semanas passam e nos acostumamos a termos Anne-Marie de volta. O tempo passa na minha imaginação. Eu considero a presença de Anne-Marie algo trivial novamente e isso é maravilhoso. Porque considerar a presença de alguém algo trivial é um luxo, tê-la sem pensar em perdê-la ou em jamais vê-la novamente é uma dádiva. Mas volto para casa do meu passeio e Anne-Marie não está lá. Perdi, e o pior é que meus filhos também perderam, a inocência de acreditar que ninguém que a gente ama se vai.

Em *Vida e aventuras de Nicholas Nickleby*, de Charles Dickens, Nicholas se encontra com o barão de Grogzwig, que lhe conta lembranças de tempos felizes e divertidos, mas depois lhe diz: "Ai de mim! Os gloriosos e palmíferos dias já calçaram suas botas e estão indo embora". Eu não podia deixar que nossos dias felizes fossem embora calçando as botas da morte e que nos deixassem. Eu tinha de recuperar uma alegria que fosse o bastante para reanimar a crença, nos meus filhos, de que o mundo não é só morte e que a vida não é apenas esperar pela morte.

E é por isso que estou aqui, na minha cozinha, com uma pilha de livros sobre a bancada, mais livros esperando por mim numa estante no cômodo ao lado e com George diante de mim pedindo para que eu leia um de seus livros preferidos. Eu o pus para dormir prometendo novamente que leria *Watership down*.

– E mais trezentos e sessenta e quatro livros –, acrescentei.

Duas noites mais tarde me vi no andar térreo, à meia noite, a única pessoa ainda acordada na casa, com o livro daquele dia recém-lido e agora fechado sobre meu colo. Eu lera *Homem no escuro*, de Paul Auster, e rabisquei nas margens para publicar mais tarde: "Este livro é perfeito, uma comunicação sincera do coração". Suspirei e me recostei na minha velha poltrona roxa. Estava me acostumando a essas leituras que se prolongavam durante a madrugada. Não era nada do que eu havia planejado, usar as seis horas livres entre a ida e a volta dos meninos da escola para escrever minha resenha e ler o livro antes que as crianças chegassem em casa. O plano havia mudado e agora meus dias terminavam com o livro no meu colo. A experiência de estar sozinha com meu livro sob a luminária era como estar sentada sob um holofote num teatro às escuras. Toda a apresentação era feita apenas para mim. Sem intervalos, interrupções e com todas as palavras iluminadas.

Homem no escuro é um romance que imagina outro mundo que reflete o nosso. Dois mundos que coexistem: Auster usa esse artifício para mergulhar naquilo que nos mantém vivos, que nos mantém participando nos movimentos e emoções da vida. Um homem, sua filha e avó enfrentando seus próprios problemas emocionais. Eles não sabem direito o que fazer e se sentem à deriva diante da necessidade de seguirem adiante. Por que se incomodar? E então, na prosa de um poeta desconhecido, eles encontram uma única frase que faz todo o sentido: "O mundo estranho gira".

O mundo muda e a vida muda. Sem advertência ou razão, uma pessoa que era saudável fica doente e morre. Um ataque de tristeza, arrependimento, raiva e medo assola e nós ficamos para trás. A desesperança e a impotência vêm em seguida. Mas eis que o mundo gira novamente – gira e gira, como sempre faz – e, assim, as vidas também mudam. Um novo dia nasce, oferecendo-nos todos os tipos de possibilidades. Mesmo com a experiência da dor e da tristeza instalada nas profundezas do meu ser, sem que eu jamais possa dela me esquecer, entendo o poder que me é ofertado pelo futuro desconhecido. Vivo num "mundo estranho", instável e imprevisível, mas também generoso e surpreendente. Há alegria quando se reconhece tanto a estranheza quanto o fato de o mundo girar, mas há ainda mais alegria quando se reconhece que é nisso que reside o poder de recuperação.

Na véspera do Dia de Ação de Graças, tive um sonho. Sonhei que estava em Cambridge, na Inglaterra, andando por entre as estantes da Biblioteca Wren. Deparei-me com Anne-Marie, viva e saudável.

– Não sei o que ler agora –, eu disse a ela. – Devo ler um filósofo do século XVI ou a nova edição de *Os contos da Cantuária*, de Chaucer, que acabou de ser lançada? O que você acha?

Dias antes eu havia lido o sombrio e assustador *Man in the Picture*, de Susan Hill, que se passa em Cambridge. Fazia sentido sonhar com Cambridge. Mas de onde veio a ideia do filósofo do século XVI? E por que *Os contos da Cantuária*?

No meu sonho, as opções que eu oferecia não intrigaram minha irmã. Elas só a fizeram sorrir.

Lançando-me aquele seu olhar típico – cerrando a boca e arqueando as sobrancelhas num sinal de atividade cerebral intensa –, Anne-Marie me disse: " Vou ter de pensar nisso. Depois lhe dou uma resposta".

Ela se virou e se afastou. Anne-Marie estava usando seu casaco Yves Saint-Laurent, da década de 1980, com um cinto prendendo-o firmemente no meio. Ela se virou para acenar e depois desapareceu.

Quando acordei, na manhã do Dia de Ação de Graças, entendi que o mundo estava girando para mim, enquanto eu dormia ou estava acordada. Neste movimento, ele dava e tirava. Tinha certeza de que Anne-Marie voltaria para mim, na forma de uma filósofa ou poeta. Até lá, eu tinha uma promessa a cumprir.

No dia seguinte, li *Watership Down*, todas as suas 476 páginas.

6

O ÚNICO BÁLSAMO PARA A DOR

Agora, habitando o corpo de uma pessoa, podia me lembrar de tudo, de todos os lugares e todos os tempos. Era como se eu estivesse andando de costas, voltando no tempo.

Mia Couto
A varanda do Frangipani

Quando voltei ao hospital, depois de receber a ligação informando que minha irmã havia morrido, descobri meu pai balançando para a frente e para trás na poltrona do quarto, repetindo vezes sem fim: "Três numa só noite". Eu não tinha a menor ideia do que essas palavras significavam e quando perguntei a Natasha, ela também disse que não sabia. Queria perguntar ao meu pai, mas ao mesmo tempo eu não conseguia suportar mais tristeza. A irmã de Jack, Mary, morrera em junho depois de um longo período doente, e eu me sentia como se estivesse submersa, afogada em lágrimas. Não consegui ir ao funeral de Mary com medo de que acabasse mesmo afogada na tristeza e depressão. Em julho, espalhamos as cinzas de Anne-Marie no mar, no litoral da ilha Fire. No final de setembro, realizamos uma cerimônia em sua memória.

A cerimônia foi realizada no Instituto de Belas Artes da Universidade de Nova York, nos salões de uma mansão de milionários da Quinta Avenida. Amigos e familiares falaram; depois, Marvin fez uma apresentação com fotografias enquanto um trio composto por um violoncelista, pianista e violinista tocava Beethoven. Mais amigos falaram e Marvin encerrou a cerimônia com suas próprias lembranças da vida que compartilhou com Anne-Marie.

As lembranças de Anne-Marie eram tudo o que teríamos dela. Já não tínhamos um futuro com ela. Compartilhar os momentos que passamos com Anne-Marie era uma maneira de mantê-la conosco, embora eu não tenha percebido isso na época. Eu estava lá, naquela tarde, para celebrar a vida dela. Não compreendi a importância de manter suas memórias. Só percebi três anos mais tarde, lendo *O vendedor de passados*, de José Eduardo Agualusa, a importância de compartilhar as memórias. E o perigo de não compartilhá-las.

Em *O vendedor de passados*, a profissão do protagonista Felix Ventura é substituir as memórias de seus clientes. A maior parte dos clientes usa essas novas memórias para ostentar uma identidade exaltada. Eles estão tentando se livrar do passado de pobreza e inconsequência a fim de subirem na escala social. Ventura tem poderes sobrenaturais. Ele molda em torno de cada cliente uma nova pele, opaca e impermeável. Mas nem todas as histórias podem ser comercializadas e desprezadas. O passado se revela para ser reconhecido: "O cheiro ainda está presente, o som da criança que chora".

O livro de ficção *O vendedor de passados* se baseia nas atrocidades reais cometidas durante a guerra que Angola travou contra Portugal por sua independência. Agualusa imagina o que aconteceria se as vítimas e os algozes tentassem se esquecer dos horrores da guerra e usa sua história para dar ênfase à impossibilidade desse esquecimento. Já no fim do livro, as recordações são o único caminho viável, por mais doloroso que seja, a fim de se conciliar com o passado. "Finalmente estou em paz. Não temo nada. Não anseio nada".

Depois de ler o livro de Agualusa, peguei outro romance traduzido do português, *A varanda do Frangipani,* de Mia Couto. Couto é de Moçambique, país que, como Angola, foi brutalmente governado durante anos como colônia de Portugal. *A varanda do Frangipani* conta a história da investigação de um assassinato sob o ponto de vista de um homem que está morto, mas que se apoderou do corpo do investigador. O morto se importa menos com a própria morte do que com "o assassinato do mundo passado". Ele teme que os líderes de Moçambique, depois de lutarem pela independência, já não acreditem nos antigos ritos africanos, na cultura e nas tradições de seus ancestrais. Ao contrário, eles estão correndo para alcançar o Ocidente e deixar que o passado seja esquecido. Eles estão se tornando "pessoas sem história, pessoas que vivem imitando os outros". Por contraste, o morto está recuperando memórias por meio do corpo do inspetor e está grato por isso: "Agora, habitando o corpo de uma pessoa, podia me lembrar de tudo, de todos os lugares e de todos os tempos. Era como se eu estivesse andando de costas, voltando no tempo". Ele se lembra das coisas boas e ruins e descobre que sua vida foi válida em ambas. Ao fazer aquela "viagem de volta" – olhando para trás – ele encontra a paz.

Quando crianças, nossos pais nos contaram um pouco sobre o que foi ter passado pela Segunda Guerra Mundial na Europa. Nossa mãe cresceu na Antuérpia e se lembrava dos alemães invadindo a Bélgica em maio de 1940. O pai dela foi recrutado para lutar contra os alemães e a família inteira se mudou com ele para a França, ficando em casas de famílias francesas, algumas das quais os receberam bem, outras nem tanto. Minha mãe se lembrava de caminhar por uma praia na Bretanha com a irmã quando uma tropa de alemães sobre motocicletas se aproximou roncando os motores, separando as irmãs e deixando minha mãe aterrorizada. Minha mãe se lembra de passar por cidades bombardeadas no norte da França e de parar numa casa em Abbeville que havia perdido completamente a fachada durante um bombardeio. Os cômodos se abriram como os de uma casa de bonecas, seus ocupantes haviam ido embora, fugiram para o interior. Minha mãe precisava ir ao banheiro, por isso a mãe dela a mandou entrar na casa. Minha mãe entrou num banheiro lindo com uma das paredes cheias de sapatos arrumados e engraxados deixados para trás pela família que dali fugira.

Ela passou pelos sapatos e fez o que tinha de fazer, cercada por três paredes, mas tendo diante de si apenas o vazio.

A Bélgica se rendeu à Alemanha em poucas semanas e a família voltou para a Antuérpia ocupada. Faltava comida e o racionamento havia começado. Não havia ovos, manteiga e havia pouco açúcar. Minha avó fazia marzipã com purê de batata e extrato de amêndoa, a farinha de aveia continha mais casca do que aveia, o pão era escuro e pegajoso e o leite era tão diluído em água que parecia azul. O bebê da família, meu tio Peter, ficava com a maior parte do leite, mas minha mãe não se importava. Ela nunca foi comilona e não se lembrava de ter passado fome durante a guerra. Ela ficava satisfeita comendo o que quer que houvesse em seu prato e nos disse que foi a única da família que na verdade ganhou peso durante a guerra.

Em 1942, as tropas aliadas começaram a bombardear a Bélgica e foram instituídos os blecautes. Toda a cidade ficava às escuras à noite, com as janelas fechadas e nenhum poste de luz aceso. Durante o dia, minha mãe ainda caminhava vinte minutos até a escola, mas depois ela passou a usar uma bolsa presa por uma corda ao seu pescoço. Na bolsa havia um apito e dois cubos de açúcar envoltos num lenço. A ideia era, em caso de um bombardeio, manter minha mãe viva mesmo sob escombros e presa ela poderia colocar o lenço sobre o nariz, para não respirar a poeira, chupar os cubos de açúcar, para se manter com energia, e soprar com força o apito para ser resgatada. Por fim, minha mãe foi enviada com sua irmã e irmão para viverem no interior com a avó. Ela se lembra de estar sentada na sala de aula e contar os piolhos na cabeça do menino sentado à sua frente.

Entendíamos que a vida na Bélgica, ainda que mais difícil sob ocupação alemã, era mais tranquila do que foi a vida para meu pai, que viveu sob uma sucessão de forças invasoras, todas elas opressivas. Em 1939, a Alemanha invadiu a Polônia. Sob o pacto secreto assinado com a Rússia, a Polônia foi dividida e a Rússia se apoderou da Bielo-Rússia. Dois anos mais tarde, quando Hitler rompeu o pacto com Stalin, a Alemanha avançou para o leste e tomou o controle da Bielo-Rússia. Quando a Alemanha começou a perder a guerra, em 1944, os russos voltaram a invadir o território.

Meu pai era um camponês, filho de agricultores numa família com dez crianças. Seu pai tinha plantações de trigo e centeio e também pomares de cerejas, peras e maçãs. Durante o primeiro inverno sob ocupação soviética, o inverno mais frio já registrado, todas as árvores frutíferas congelaram e morreram. Os anos de ocupação soviética foram difíceis, com ameaças de deportação, coletivização e fome sempre pairando sobre a família. Meu pai continuava a frequentar a escola e agora era ensinado pelos soviéticos. Seus livros foram confiscados certa manhã depois que os professores perceberam que eles continham fotografias de políticos, generais e marechais que haviam sido executados por Stalin e, portanto, excluídos da história soviética. Os alunos passavam poucos dias nas salas de aula e mais envolvidos em trabalhos pesados, transportando pedras para as estradas e cortando lenha.

Eu lembro que, quando eu ainda era muito pequena, meu pai geralmente me contava como foi que viu um avião pela primeira vez. Era um belo domingo de junho de 1941 e meu pai estava deitado no gramado olhando o sol e sonhando acordado. De repente, ele ouviu um barulho. Ele se levantou, sem acreditar, enquanto um avião prateado cruzava o céu azul sobre sua cabeça. Já era muito mais velha quando meu pai explicou que se tratava de um avião alemão e que os alemães estavam invadindo a Bielo-Rússia. O Exército Vermelho se dispersava, tentando fugir antes da chegada dos alemães. Um velho oficial do Exército Vermelho, citando um provérbio russo, alertou meu pai: "O lobo terá de pagar pelas lágrimas desta ovelha".

Meu pai temia que, mais uma vez, os bielo-russos seriam a ovelha. Na semana seguinte, a *Wehrmacht* chegou ao vilarejo.

Um grupo de oficiais alemães sobre motos parou diante da fazenda do meu avô. Uma das motos precisava ser consertada e eles ouviram dizer que meu avô tinha as ferramentas necessárias para o reparo. Meu pai era um dos poucos no vilarejo que falava alemão, por isso meu avô o mandou para ajudar os oficiais. Ele ficou no jardim pegando ferramentas, parafusos e arruelas dos alemães que desmontavam a moto. O que quer que estivesse quebrado foi consertado e os alemães começaram a remontar a moto. Mas os parafusos que fixavam um dos pedais haviam sumido. Os oficiais começaram a procurar por todo o jardim. Meu pai os seguiu, tentando ajudar. Mas os parafusos não estavam em lugar algum. Por fim, os alemães ignoraram a perda e subiram em suas motos. Ao se afastarem, um dos soldados se sentava todo torto, na tentativa de manter sua moto inteira. Mais tarde, naquela noite, meu pai encontrou os parafusos no seu próprio bolso, onde os havia colocado e esquecido. Ele não sabia se chorava pelo perigo que correra, ao desafiar a disciplina alemã, ou se ria aliviado.

À medida que nós, meninas, ficamos mais velhas, aprendemos mais sobre a guerra na escola e nos livros que líamos e começamos a fazer perguntas. *Você conheceu alguém que foi levado pelos alemães para um campo de concentração? Você viu mesmo um bombardeio? Você alguma vez viu uma pessoa morta?* Minha mãe não conhecia nenhuma família deportada. Uma amiga judia se escondeu e sobreviveu à guerra. Minha mãe nunca se viu em meio a um bombardeio, mas a escola nos arredores de Antuérpia foi atacada pelos Aliados em 1943. O alvo era uma fábrica de carros que estava sendo usada pela Luftwaffe para consertar aviões, mas os Aliados erraram o alvo e acabaram destruindo a escola St. Lutgardis. Mais de duzentas crianças morreram, somente dezoito sobreviveram. Eu me pergunto se aquelas crianças também tinham bolsas com lenços, apitos e açúcar presas ao pescoço.

Quando eu estava na faculdade de direito, o filme *Look and See* foi lançado nos Estados Unidos. Ambientado na Bielo-Rússia nos últimos anos da Segunda Guerra Mundial, foi o mais doloroso filme de guerra que já assisti. Contra um pano de fundo de campos verdejantes e bétulas, os personagens – interpretados por atores bielo-russos que pareciam pertencer à minha família – passavam fome, enfrentavam o medo e a tortura e lutavam desesperadamente para não serem incluídos em marchas da morte, não serem queimados ou assassinados. Por semanas, eu chorei todas as noites, depois de ter assistido àquele filme. Quando finalmente me recuperei, perguntei ao meu pai o que ele vivera durante a guerra e ele me contou histórias pela metade. Ele simplesmente não conseguia falar sobre aquilo.

Somente depois da queda do Muro de Berlim, em 1989, é que meu pai começou a contar suas histórias de guerra. Mesmo assim, ele não conseguia falar sobre as coisas de que se lembrava, conseguia apenas escrevê-las. Trabalhando numa velha máquina de escrever, que havia sido minha, ele começou a contar os detalhes dos horrores que testemunhara e de que ouvira falar. Ele escreveu sobre como seus amigos judeus foram expulsos da escola, com a chegada dos alemães, e obrigados a usar estrelas amarelas e trabalhar nas ruas. Depois eles foram levados para campos de trabalhos forçados. Meu pai viu corpos nas ruas do vilarejo. Ele viu um jovem se enforcando. Certo dia, ele passou por uma plantação com um celeiro no fundo. O celeiro estava em chamas e cercado por soldados alemães. Só quando meu pai começou a sentir o cheiro de corpos queimados é que entendeu que o celeiro estava cheio de pessoas e que as portas haviam sido trancadas. O cheiro fez com que as pernas de meu pai tremessem e ele caiu no chão, tentando fugir dali. Ele estava estudando a Roma Antiga na escola e as semelhanças entre as atrocidades cometidas pelos antigos romanos contra seus inimigos e o que ele vira em seu próprio país o deixaram horrorizado.

Meu pai escreveu sobre como um tio e uma tia, suspeitos de ajudarem amigos judeus, foram presos pelos alemães invasores e executados. Outro tio, suspeito de ser comunista porque lecionava numa escola russa, foi preso e jamais visto novamente.

Sempre soubemos que quatro dos dez irmãos do meu pai haviam morrido na Segunda Guerra Mundial, mas os detalhes nunca foram claros. Somente depois que meu pai começou a escrever suas memórias é que aprendemos mais. Um irmão do meu pai, chamado Peter, foi o primeiro a morrer. Ele morreu em 1939, lutando contra os alemães, depois de ter sido recrutado pelo exército polonês. E então, depois da morte da minha irmã, meu pai escreveu sobre a terrível noite no início de dezembro de 1943, quando três de seus irmãos morreram. *Três numa só noite.*

Meu pai estava na escola naquela noite, numa cidade a vinte e seis quilômetros da sua casa. Seu irmão George estava com ele, conseguindo, assim, escapar do trem de carga alemão que o levaria para o oeste para trabalhar numa fábrica alemã. Os dois irmãos sabiam que membros da resistência soviética estavam patrulhando o interior, sabotando e planejando ataques contra os exércitos alemães, mas não estavam preocupados. Durante os anos de ocupação soviética, meu avô, que era proprietário de uma mercearia, conseguiu escapar da deportação de toda a família para a Sibéria, mantendo os oficiais russos locais bem abastecidos com seu próprio estoque de vodca polonesa. Sob a nova ocupação alemã, a família dava aos invasores o que eles precisavam durante o dia, enquanto os soviéticos vinham à noite e pegavam o que queriam.

Naquela noite de dezembro, um grupo de rebeldes foi até a fazenda, mas meu avô não estava. Minha avó estava em casa, doente, com febre e calafrios. Boris, trinta e dois anos, Antonina, vinte e três, e Serguei, quinze, também estavam em casa naquela noite. Enquanto minha avó descansava num cômodo próximo à cozinha, Boris, Antonina e Serguei permaneciam acordados, conversando.

Meu pai não sabe quem abriu a porta para os rebeldes. Imagino minha avó se levantando da cama ao ouvir passos, o barulho alto das várias botinas no piso de madeira. Nem mesmo a palha jogada no piso para conter a sujeira era capaz de abafar o som daqueles passos. Havia talvez quatro ou cinco rebeldes na casa, todos homens. Minha avó ouviu vozes duras falando algo em russo para seus filhos. Ela não conseguia ouvir as palavras de Boris, Serguei e Antonina, apenas os murmúrios de suas réplicas. Então, ela ouviu sons que não compreendeu, não a princípio, não até ouvir os apelos de Antonina. Ela ouviu mais palavras abafadas, uma súplica e depois choro. Ouviu mais sons que não compreendia. E, então, minha avó ouviu sons que ela compreendia muito bem. Ouviu tiros e o barulho de corpos caindo, um após o outro, no chão. Ela ouviu um arfar fraco e silêncio. Silêncio e então um repentino e violento quebrar de pratos, cadeiras e vidros. Vozes furiosas. O barulho das botinas se afastando.

Minha avó ficou sozinha. Quando entrou na cozinha, não viu seus filhos, apenas marcas de sangue no chão, em meio a cacos de vidro, cerâmica e pedaços de madeira. Ela jamais viu seus filhos novamente. Naquela noite, ela caminhou dezesseis quilômetros até a estação policial no vilarejo mais próximo, mas ninguém podia ajudá-la. Os corpos foram levados pelos rebeldes e jamais recuperados.

Quando minha irmã morreu, o lamento repetido por meu pai ("Três numa só noite, três numa só noite") era uma súplica, através dos anos, à sua mãe. Uma súplica por solidariedade e ajuda. Meu pai simplesmente não conseguia entender como minha avó sobreviveu ao dia seguinte, e ao próximo, e ao restante de sua vida depois de, em poucos minutos, perder três vidas cheias de possibilidades. Meu pai não conseguia entender como ele seria capaz de sobreviver depois de ter perdido sua filha mais velha, uma vida ainda tão cheia de coisas a fazer e a aprender. Como ela pôde ter morrido? Como ele poderia continuar vivendo?

Tentei eu mesma compreender como minha avó conseguiu sobreviver depois do assassinato dos filhos. Como ela conseguiu não enlouquecer? Sabendo da história do meu pai, de como sua irmã e seus irmãos morreram e como sua mãe, escondida num cômodo, ouvira-os morrer incapaz de salvá-los, eu tentava compreender a sobrevivência dos que continuavam vivos. Como é possível que alguém possa continuar caminhando? Como sou capaz de continuar vivendo agora que minha irmã morreu? O mundo todo deveria tremer a cada morte, mas, se isso acontecesse ele jamais permaneceria o mesmo. O mundo giraria movido a morte e a dor. Como conseguimos nos agarrar ao mundo, às nossas vidas e continuarmos?

Depois da morte de Anne-Marie, a dor se tornou parte da minha vida. Aos poucos, percebi que aquela dor não iria embora. A tristeza destrói a razão com violência, contra ela a razão não tem poder algum. Todo mundo dizia palavras de conforto – "Ela não iria querer vê-la triste" ou "Ela viveu uma boa vida" –, todo mundo me dava motivos claros para que eu parasse de sofrer, mas ainda assim eu não conseguia. Como é possível que alguém não enlouqueça diante do horror da morte?

Mas agora, lendo meus livros como fuga, encontrei outra maneira de responder a essas questões. Não era um modo de fugir da dor e sim um modo de absorvê-la. Por meio das memórias. Embora a memória não possa livrar uma pessoa do sofrimento nem ressuscitar os mortos, a lembrança nos garante que sempre teremos o passado ao nosso lado, momentos ruins, mas também momentos muito, muito bons de gargalhadas, refeições feitas juntas e discussões sobre livros.

Lembrar das pessoas que morreram também lhes confere dignidade e respeito à vida que viveram. Em *Os emigrantes*, W. G. Sebald traça a vida de quatro homens obrigados a emigrarem da Alemanha por razões econômicas ou pela guerra. Sebald usa artifícios como fotografias, diários, cartas e bilhetes de suas visitas às famílias e amigos a fim de apresentar histórias de pessoas cheias de detalhes de alienação e dificuldades. Cada homem e cada história é bem diferente, mas eles compartilham da mesma perda de identidade: três homens perderam suas identidades alemãs por conta dos crimes da Segunda Guerra Mundial e o outro perdeu sua identidade sujeitando sua vontade à do seu patrão. Todos os emigrantes lutam para criar uma nova identidade em uma terra também nova, mas o distanciamento da essência é grande demais. Por mais que possamos vê-los com vivacidade, graças à narrativa de Sebald, eles não conseguem se ver; eles veem apenas fantasmas ou invólucros sem nada – ou sem o bastante – dentro. Por fim, dois optam por se matar, outro escolhe se aniquilar usando terapia de choque e o quarto é salvo apenas pelos quadros que pinta no seu estúdio, em um armazém abandonado, cuja poeira tóxica também acaba por matá-lo.

Os emigrantes não é um livro feliz, mas é um livro que certamente celebra a vida. Se colocar meu dedo em qualquer página do livro, posso sentir a pulsação das vidas que Sebald conta. É a pulsação que ele lhes deu e os fez se tornarem reais para mim. "Recordação", para mim, significa se lembrar de alguém com amor ou respeito. Recordar é reconhecer que uma vida foi vivida. O livro de Sebald é uma recordação de quatro vidas.

Eu tinha quarenta e poucos anos e estava lendo na minha poltrona roxa. Meu pai tinha mais de oitenta anos e minha irmã estava no mar, suas cinzas espalhadas lá por todos nós em trajes de banho sob o céu azul. E só agora estou vislumbrando a importância de olhar para trás. De recordar. Meu pai finalmente escreveu suas memórias por um motivo. Eu assumi o compromisso de passar um ano lendo por um motivo. Porque as palavras são testemunhas da vida: elas registram o que aconteceu e tornam tudo verdade. Palavras criam histórias que se transformam em histórias inesquecíveis. Mesmo a ficção retrata a verdade: boa ficção é a verdade. Histórias sobre as vidas relembradas nos levam para o passado ao mesmo tempo em que nos permitem seguirmos em frente.

O único bálsamo para o sofrimento é a memória; a única salvação para a dor de perder alguém para a morte é reconhecer a vida que existiu antes disso. Recordar alguém não a trará de volta e para aqueles que morreram jovens demais, as lembranças não bastam para compensar todas as possibilidades da vida perdida. Mas as lembranças são os ossos ao redor dos quais um corpo resiliente se forma. Acho que meu pai encontrou uma resposta para como sua mãe continuou viva e ele próprio descobriu um meio de sobreviver. Ele escreveu uma história para que eu lesse. As histórias o ajudaram e estavam me ajudando, tanto as do meu pai quanto as contidas em todos os livros que eu estava lendo.

A verdade da vida é provada não pela inevitabilidade da morte e sim pela maravilha que todos vivemos. Recordar as vidas pretéritas é algo que ratifica essa verdade e isto só aumenta à medida que envelhecemos. Ainda criança, meu pai me disse certa vez: “Não busque a felicidade, a própria vida é a felicidade”.

Foram necessários anos para que eu compreendesse o que ele queria dizer. O valor de uma vida vivida, o valor intrínseco da vida. Ao me deparar com a tristeza da morte da minha irmã, acabei percebendo que estava olhando para esse fato do jeito errado, para o fim da vida da minha irmã e não para o tempo que ela durou. Eu não estava dando o devido valor às recordações. Já era hora de dar meia volta, de olhar para trás. E, olhando para trás, eu seria capaz de seguir adiante. Já era tempo de começar uma viagem de volta para minha própria vida, marcada, em parte, pelas lembranças da vida da minha irmã.

7

À PROCURA DA ESTRELA

– Posso lhe dizer por que me parece uma coisa boa nos lembrarmos das coisas más que nos fizeram?

– Sim.

– Porque assim talvez possamos perdoá-los.

Charles Dickens
O homem mal-assombrado

As festas de fim de ano são uma época excelente para se olhar para o passado. Uma das minhas primeiras lembranças é de me sentar em nosso sofá dourado (muito em moda nos anos 1960) com minhas irmãs ao meu lado, enquanto nosso pai lia *Conto de Natal* para a gente. *Conto de Natal* foi exposto pelo Metropolitan Museum of Art em 1966, seu texto foi extraído dos Evangelhos de Mateus e Lucas e as ilustrações eram quadros da própria coleção do museu.

Meu pai o lia com uma voz cantarolada que dava ênfase ou amenizava as palavras. Lembrando desse tempo, eu descreveria a leitura dele como algo semelhante a dos pastores sulistas que eu vira na televisão, mas com um forte sotaque bielo-russo.

A história que meu pai lia para a gente era estranha e inebriante. Eu me emocionava com suas imagens e ideias: roupas enfaixadas, pastores cuidando dos animais no campo, ondas boas de alegria, paz, benevolência pelos homens e "Pasmem, a estrela que eles viram no Leste". Muito antes de ter meus próprios filhos e vivenciar o ataque de amor incondicional e de fé causados por um recém-nascido, eu entendia como um bebê indefeso deitado num berço de palha era capaz de inspirar altruísmo e amor sem limites. Eu era capaz de imaginar os pobres pastores lá, sozinhos no escuro, na noite fria. De repente eles ouvem música e olham para cima, para o céu estrelado. Anjos voam sobre eles e uma estrela enorme os ilumina. Eles se enchem de certeza: a vida pode ser boa, alegre e pacífica. O amor e a esperança são compartilhados e, assim, espalham-se. A paz na Terra criada por uma criança e sinalizada por uma estrela.

Tudo aquilo fazia sentido para mim, uma criança na década de 1960. Eu ouvia a história e depois saía e procurava por uma estrela enorme no céu. Eu estava procurando por um sinal de que a guerra terminaria, a Guerra do Vietnã, a Guerra Fria e todas as outras guerras que, quando criança, eu suspeitava que eram travadas em outros lugares, longe do meu quintal, mas nos quintais de crianças, em algum outro lugar qualquer. Procurar pela estrela no céu foi algo que se tornou meu ritual natalino particular, minha própria busca pela paz.

Minha mãe encontrava paz no presépio que criava todos os anos. Juntamente com a leitura de meu pai e a peça que nós montávamos sempre na véspera do Natal, o presépio de cinco andares da mamãe era uma das minhas tradições preferidas de fim de ano. Ela criava um mundo intrincado com bonequinhos nas prateleiras embutidas que cercavam nossa lareira em Evanston. Os livros eram deitados para criar vales e empilhados para criar montanhas. Minha mãe cobria os livros com panos brancos, criando paisagens nevadas. Galhinhos tirados da árvore de Natal eram colocados no fundo. O espaço agora estava pronto para ser habitado e minha mãe trazia seus *santons*.

Estatuetas de cerâmica pintadas em cores vivas, os *santons* (fabricados originalmente na Provença) representavam todos os personagens de um vilarejo tradicional. Eles estavam lá, desde o pastor local limpando a testa com um lenço até uma mulher com uma cesta de frutas sobre a cabeça, da jovem mãe a caminho das compras com um cesto no braço até o camponês carregando um leitão. Havia igrejas instaladas no alto das colinas feitas de livros e fazendas nas partes mais baixas, com montes de feno e animais. Havia até mesmo um monastério que eu construí durante minha aula de marcenaria na sétima série. Ele era habitado por mulheres da noite convertidas que ainda usavam vestidos sedutores, mas com reverência em seus rostos pintados.

Minha mãe criava um riacho que corria por uma montanha, feito por pingentes de gelo prateados da árvore de Natal, e colocava um pescador na margem. Ela fazia uma lagoa com um pequeno espelho e gansos espalhados pelos barrancos. Certo ano, Anne-Marie trouxe para casa um antigo boneco de metal da patinadora e atriz norueguesa Sonja Henie para patinar por sobre o lago congelado.

Vários animais cercavam a cena da natividade. Uma raposa, um urso, uma família de camundongos, um leão, várias raças de gatos, um porco-espinho: esses animais e outros cercavam José, Maria e o bebê Jesus, deitado na manjedoura, em meio a montículos de linho branco. Minha avó presenteou meus pais com um kit de presépio para principiantes quando eles se casaram. Os animais e os mais de cem *santons* que cercavam a cena por cima e por baixo da família feliz foram comprados ao longo de vários anos.

No presépio de minha mãe, não apenas a vida terrena estava representada, mas também a vida celestial e o inferno. O céu era colocado na estante mais alta, num arco pouco abaixo do teto. Deus reinava lá, visível como um boneco agachado de madeira pintado de dourado e azul, colocado entre vários anjos cantores. Uma banda completa de anjos tocava ao fundo. Anjos com cara de gato, anjos gordos, pequenos e altos enchiam as laterais da estante. Minha mãe colocava um boneco representando Homero num canto do céu e, no outro, um homem de vidro sentado diante de um piano também de vidro representando Mozart.

O inferno ficava na estante mais baixa e se expandia pelo chão. Minha mãe começou a construir o inferno só depois que ficamos um pouco mais velhas, mas depois que começou, o inferno deslanchou. Em pouco tempo ele ficou superpovoado com bonequinhos vermelhos, incluindo um Mickey Mouse com lantejoulas vermelhas e demônios minúsculos de argila feitos por Anne-Marie, os braços erguidos acenavam amigavelmente com sorrisos doces e abertos em seus rostos gordos. Amigos trouxeram bonecos do Dia de Finados do México. Uma serpente de brinquedo entrou no inferno e de lá jamais saiu.

Nunca deixei de passar o Natal com meus pais, mas Anne-Marie esteve ausente algumas vezes, incluindo o Natal anterior à sua morte. Ela, Marvin e dois amigos foram para a Índia naquele ano, para uma viagem de três semanas. O pior *tsunami* da história atingiu o oceano Índico no dia 26 de dezembro de 2004. Eu sabia que Anne-Marie não tinha planejado visitar as praias no sul da Índia, mas depois de dois dias sem ter notícias suas, comecei a temer pelo pior. E se eles tivessem mudado de ideia? E se foram para a praia e acabaram surpreendidos por uma das ondas enormes? Quando Anne-Marie finalmente ligou para meus pais, me senti aliviada e ao mesmo tempo estúpida por ter me preocupado. Vinte e um dias mais tarde, de volta a Nova York, Anne-Marie sentiu uma massa sólida em sua barriga. Fomos atingidos por uma onda gigantesca, mas não por aquela de que eu havia temido.

No Natal que se seguiu à morte de Anne-Marie, minha mãe não quis instalar o presépio. Natasha e eu imploramos que ela o fizesse.

– Faça isso pelos meninos –, dissemos. – Faça isso por nós.

Por fim, ela concordou em montar os bonecos em sua terra fantasiosa de inverno. A disposição dos elementos havia mudado depois que meus pais se mudaram para Nova York, mas ainda era magnífica. Os *santons* foram espalhados pelos vilarejos, por toda a abóboda da lareira, com a cena da natividade à esquerda. Entre os novos bonecos estavam uma raposa que trazia um presente para o bebê e um chafariz de quatro lados para uma das praças da vila. O céu ficava no alto de uma cômoda ao lado e o inferno se espremia na abertura da lareira sem uso. Comprei para minha mãe o boneco de um anjo com cabelos compridos pousados no colo e lendo um livro. Minha mãe o pôs no céu ao lado de Homero.

Jack e eu tínhamos nossas próprias tradições de Natal, que remontavam aos primeiros dias do nosso relacionamento. Nosso primeiro beijo aconteceu na véspera de ano novo e, no ano seguinte, compramos nossa primeira árvore de Natal juntos. A árvore era pequena e raquítica o bastante para que pudesse ser levada para casa por uns trinta quarteirões, desde Little Italy até a Rua 21 no West Side. Colocamos fios verdes com frutos vermelhos nos galhos – os primeiros enfeites – e depois que a filha de Jack, Meredith, e eu assamos biscoitos de Natal, que ficaram pretos como grafite, nós os pintamos, fizemos um buraco na parte de cima e os penduramos na árvore também. Ao longo dos anos, nossas árvores passaram de pequenas para grandes e voltaram a ser pequenas, dependendo do espaço disponível.

No ano em que Meredith se mudou para nosso apartamento de dois quartos na Rua 81 no West Side e passou a viver em tempo integral conosco, compramos uma árvore minúscula. Jack e eu mudamos nossa cama para a sala de estar a fim de dar à menina de catorze anos um quarto só dela, deixando os três meninos dividindo o outro quarto. Não havia espaço para nada além de uma arvorezinha de mesa naquele ano. Dois anos mais tarde, quando deixamos nosso apartamento e nos mudamos para uma casa com paredes cheias de infiltração, um teto pela metade e uma cozinha que não funcionava, compramos uma árvore enorme que chegava até o teto.

Desde que nos mudamos para o subúrbio, nossa árvore foi ficando cada vez maior. Íamos todos os anos para uma fazenda do outro lado da cidade, com alqueires e alqueires de abetos brancos, vermelhos e pinheiros comuns. As plantações se estendiam às margens da rodovia I-95 e nós colhíamos nossa árvore ouvindo o motor dos caminhões. Talvez fossem caminhões, talvez fosse a confusão de seis vozes diferentes com seis opiniões diferentes sobre a árvore certa para nós, talvez fosse nossa sede louca por aquele maravilhoso cheiro de pinho, mas há muito havíamos perdido nossa capacidade de avaliar como a árvore ficaria depois que a levássemos para casa e ela ficasse isolada na nossa sala de estar.

– Têm certeza? –, o voluntário da fazenda nos perguntava quando apontávamos para a árvore escolhida.

– Sim, definitivamente, eu dizia.

Jack trazia o carro para perto enquanto o voluntário puxava a árvore por seu tronco de 25 centímetros de diâmetro. Depois que a árvore estava finalmente no alto do nosso carro, com seiva escorrendo pela parte de trás, percebia o que o jovem estava querendo dizer. Os galhos da árvore pendiam de ambos os lados do carro, bloqueando as janelas e as portas traseiras.

Entrava no carro e dava uma olhada.

– Posso ver claramente o que está na minha frente. Vamos lá, meninos!

Os meninos subiam no carro pela porta da frente e íamos embora. Tirar a árvore de cima do carro, depois que chegávamos em casa, não era fácil. Empurrávamos e a derrubávamos no chão, depois a arrastávamos até a porta da frente.

– Erga –, gritava Jack. – Não arraste. Erga! Erga!

Nós quatro puxávamos a árvore pelos degraus da entrada, enquanto Jack e Michael a empurravam na outra ponta. Não cantando canções natalinas e sim palavrões que jurávamos nunca usar perto dos meninos, mas sempre usávamos na época de comprar a árvore de Natal, colocávamos a árvore na sala de estar. Eu colocava um anjo loiro no galho mais alto (onde conseguimos esta coisa gigantesca?) e nos posicionávamos para erguer a árvore. Depois de mais empurra e puxa e mais xingamentos, colocávamos a árvore sobre o suporte de metal de duas toneladas. Ereta, a árvore raspava as paredes em volta e o teto, criando enormes manchas verdes e marrons.

– Alguém está machucado? – Jack perguntava de sua posição sob o suporte.

– Não, não – eu respondia. – Tudo está bem aqui em cima.

A árvore estava fixada e firme. Jack apertava os parafusos ao redor do tronco e se afastava.

Nós havíamos nos superado novamente. A árvore deste ano era tão alta que o topo tocava a luminária que pendia do teto do segundo andar. Uma das luzes do lustre ficava sob o manto do anjo, iluminando-o sob um ângulo completamente novo. Galhos da árvore se espalhavam pela escada e preenchiam toda a entrada da casa, dificultando nossa passagem. Era como se a árvore estivesse lá antes e nós tivéssemos chegado depois, nos instalado e instalado nossa casa e nossas vidas ao redor dessa imponente e gigantesca árvore. Eu imaginava um esquilo surgindo como no filme *Férias frustradas de Natal*. "Onde estou?", o animalzinho peludo se pergunta, pouco antes de pular sobre minha cabeça.

Eu prendia fios com luzes coloridas nos galhos da árvore depois deixava que meus filhos espalhassem os enfeites. À noite, nossa árvore – nossa estrela-guia, nossa motivação para aquela época do ano – reinava novamente. Ela já não era grande demais. Era simplesmente perfeita. Os gatos assumiam seus lugares sob os galhos mais baixos, enquanto todos nós íamos nos sentar na sala de estar. Podíamos apenas vê-la parcialmente, ela era tão grande que não havia lugar na casa de onde se podia vê-la por inteiro. Todas as vistas eram parciais, misturadas a cores e luzes e tendo como pano de fundo um verde-escuro.

Dos dias seguintes eu comprava discos antigos, *Go Tell It on the Mountain*, *A Bing Crosby Christmas*, e trechos do *Messias*, de Handel. Tirei do sótão nossa caixa de livros de Natal e os folheei, cada um deles me trazia lembranças de Natais passados. Tínhamos vários livros infantis e meus preferidos estavam bem gastos, marcados com manchas de dedos e com os cantos dobrados: *Christmas*, de Peter Spier, desenhos de um dos rituais anuais da família; *Christmas Without a Tree*, de Elizabeth B. Rodger, sobre um generoso porquinho; e *The Christmas Crocodile*, de Bonny Becker, ilustrado por David Small. Eu usei uma das ilustrações de David Small como modelo de como queria que minha casa fosse durante as festas de fim de ano (antes que o crocodilo comesse tudo). Também tínhamos clássicos como *Canção de Natal,* de Charles Dickens e *Christmas Stories*, de Lois Lenski – ainda tenho o exemplar original que ganhei aos dez anos. E eu tinha a cópia da nossa família do *Conto de Natal* do Metropolitan Museum of Art, com suas palavras lindas e belas pinturas.

Na maioria dos anos, eu relia todos esses livros tirados do sótão, desde o mais simples livro infantil até a coleção *Ghost Stories for Christmas*. Mas não neste ano. Eu não teria tempo neste ano, não com meu planejamento de um livro por dia. Eu estava preocupada, pois não teria tempo para muitos dos nossos rituais natalinos, por conta das minhas leituras. Mas planejei fazer as coisas que realmente gostávamos de fazer e deixei que o resto se ajeitasse da melhor forma.

Escolhi ler alguns novos livros de Natal – o horrivelmente chato *Abbot's Ghost*, de Louisa May Alcott; o terno e chato *Christmas in Plains*, de Jimmy Carter; e *O homem assombrado e o Espírito da pechincha*, de Charles Dickens. O homem na história de Dickens é assombrado por memórias de coisas erradas cometidas contra ele no passado e por sofrimentos pretéritos: "Eu os vejo no fogo, agora. Eles me voltam na música, no vento e na imobilidade mórbida da noite, no passar dos anos".

Um fantasma, que parece ser o reflexo do homem assombrado, lhe propõe um acordo. Ele se oferece para livrá-lo das más lembranças, deixando o espaço em branco. O fantasma promete um vazio no lugar onde antes havia sombras do passado. "A memória é minha maldição; e, se eu pudesse esquecer minhas tristezas e erros, eu esqueceria!". Assim o homem assombrado aceita a oferta. Lá se vão todas as recordações e, com elas, toda a capacidade do homem de expressar ternura, compaixão, compreensão e carinho. Nosso homem assombrado percebe, tarde demais, que ao se livrar de suas memórias, ele se tornou um homem vazio, triste e um disseminador da tristeza para todos que se aproximam. Como é Natal e ele é um personagem dickensiano, o homem assombrado tem a chance de se regenerar no seu acordo com o fantasma e consegue suas memórias de volta, espalhando a alegria do Natal.

Amei a história, ainda mais por estar convencida da importância das memórias. Mas me opus duramente à conclusão criada por Dickens: o motivo pelo qual é bom se lembrar de um passado ruim é por que "assim podemos perdoar". Como eu poderia perdoar o fim da vida de Anne-Marie?

No fim de semana antes do Natal, meus pais e Natasha vieram até Westport para fazermos os biscoitinhos de homenzinhos de gengibre que assávamos todos os anos, uma tradição que remonta à época em que eu estava na escola primária. Nossos homens de gengibre expressavam nossos interesses. Quando eu era menor, eu fazia homenzinhos cobertos de açúcar de confeiteiro e com dois centímetros de espessura. Sempre gostei de doces e me permitia exagerar. Quando era adolescente, fiz um biscoito na forma de David Bowie, usando canela para fazer um relâmpago no rosto dele; Anne-Marie fez uma Lady Godiva; e Natasha fez jogadores de vôlei usando as cores da nossa escola. Nessa mesma época, minha mãe deu início à tradição de fazer Adão e Eva anatomicamente corretos e uma belíssima sereia. Este ano, meus filhos tenderam à sanguinolência, usando corante vermelho para sangue e decapitando seus homenzinhos de gengibre com tanta frequência que era como se estivessem criando um exército de mártires.

Os dias passaram com leituras e resenhas, cartões de Natal, canções natalinas, festas na escola e um acidente de carro. Fui atingida na traseira quando parei por causa do ônibus escolar. Por sorte, saí apenas com uma dorzinha no pescoço e o carro ainda podia ser guiado. Os reparos teriam de aguardar o fim das festas.

Na véspera de Natal, os amigos vieram jantar. A noite terminou com dança sobre a mesa. Peter estava encarregado da música, os maridos ficaram responsáveis pelas fotografias e o restante de nós – duas mães e seis filhos – estávamos a um metro do chão, pulando. O dia de Natal amanheceu mais cedo, os meninos estavam ansiosos para ver o que o Papai-Noel lhes trouxera. Enquanto Jack viajava para Nova York, para buscar minha família para nossa tradicional celebração com comilança, bebidas e mais comidas e bebidas, escrevi minha resenha de *O último magnata*, de F. Scott Fitzgerald, lido no dia anterior. A resenha foi publicada pouco antes de Jack voltar com meus pais, Natasha e o namorado, Phillip. As comilanças, bebedeiras, conversas, brindes e celebrações de Natal haviam começado.

Já passava das dez horas da noite de Natal quando me sentei para ler o livro do dia. As crianças dormiam no andar de cima, meu pai e Jack assistiam a um filme na sala de estar e minha mãe e eu estávamos na outra sala sentadas numa posição estratégica, perto do fogo e com uma boa vista da árvore. Suas luzes brilhavam em meio à escuridão daquela parte da casa. Pus mais lenha na lareira, trouxe uma taça de vinho do Porto para minha mãe e para mim uma xícara de chocolate quente, temperado com uma boa dose de licor de café Tia Maria.

Comecei a ler a louca história de *The Love Song of Monkey*, de Michael Graziano. Um homem imobilizado, em coma, e preso a vinte mil léguas no fundo do mar finalmente encontra tempo para pensar na vida. Como ele mesmo diz: "Não há lugar na Terra melhor para a meditação do que as fendas no meio do oceano".

– Mamãe –, eu disse, estendendo-me para tocá-la no braço. – Este livro é sobre um homem que fica submerso – ele não consegue morrer nem sair da água durante anos. Ele fica apenas pensando na vida. Agora, é isso o que está me acontecendo.

– Sim? Ela estava disposta a me dar o benefício da dúvida.

– É como se meu ano de leituras fosse um estado de vida semelhante, em suspenso, é como se eu também estivesse presa a vinte mil léguas, mas não no fundo do mar, e sim de uma pilha de livros. E, para mim, não há lugar melhor para meditar do que com todos os meus livros. Eu também finalmente tenho tempo para pensar na minha vida.

– E no que você está pensando?

– Que este foi um ótimo Natal. Porque só fiz o que queria fazer – nossa família fez uma festa ótima com vocês aqui assando os biscoitos de gengibre. Eu deixei de fazer três variedades de biscoitos e, em vez disso, li um livro. Depois, tive tempo para ler outro livro! E não fiquei obcecada com a coisa toda dos cartões de Natal. Não fiquei maluca com a iluminação. Simplesmente, pendurei alguns fios na varanda deixando os arbustos sem luzes. Deixei que as crianças decorassem nossa árvore como quisessem e lhes deixei reinar livremente sobre o restante da casa.

Apontei para as mesinhas cobertas por algodão branco que exibiam vilarejos com cenas da natividade misturadas de todas as formas, tamanhos e nacionalidades (minha própria coleção), Papais--Noéis de plástico, duendes, renas, camelos, coelhos, passarinhos, um cachorro, um pelotão de soldadinhos de brinquedo e uma arca que meu pai entalhou para os meninos, que agora estava coberta por purpurina colorida e cercada por personagens sacros. Não era exatamente como o presépio da minha mãe, mas tinha sua beleza própria.

– Tenho pensado muito em Anne-Marie.

O rosto da minha mãe se contraiu. Então, ela balançou negativamente a cabeça.

– Penso nela o tempo todo –, disse. – No quanto ela gostaria de ver os meninos crescendo.

– Eu sei. Meus olhos estavam cheios de lágrimas, mas continuei a conversa. – E eles se lembram dela também. Acho que sempre se lembrarão.

– Espero que sim.

– Essas leituras, elas me fazem ver como nós nos lembramos, o tempo todo, das pessoas que amamos. Elas se tornam parte de nós, elas são parte de nós. Anne-Marie é parte de tudo isto.

Minha mãe ouvia.

– Este ano, mamãe, ficarei a vinte mil léguas sob a superfície do que seria a minha vida normal, cheia de planos e toda controlada. Tenho de agradecer a Anne-Marie por isso. Estou submersa, nadando com os escritores de todos os livros que estou lendo e sugando o oxigênio das palavras. E ela está comigo também. As vidas nos livros significam vida para mim, uma nova vida. E estão me ajudando a aprender a mantê-la viva. Dentro de mim.

Minha mãe fez que sim, sua expressão estava séria e os olhos baixos. Eu sabia que minha mãe sentia falta de Anne-Marie e queria tanto que minha irmã estivesse conosco, que era doloroso demais para ela falar sobre o assunto. Mas eu sentia a dor no ar áspero ao nosso redor, no peso do calor que irradiava da lareira. Sentia uma repentina intensidade no ato de viver ao me lembrar da morte. E eu sabia que minha mãe gostaria de trocar sua própria vida por aquela morte e trazer minha irmã de volta. Mas essa troca não era possível.

Senti um nó na garganta. Nem minha mãe nem eu aceitaríamos o acordo proposto pelo fantasma na história de Charles Dickens – nós nos apegávamos às nossas lembranças de Anne-Marie com toda a nossa força –, mas será que em nossas recordações de Anne-Marie havia lugar para o perdão? Arrastando-se para a frente, olhando para trás. Será que eu também tinha de perdoar a morte da minha irmã?

O perdão é uma forma elevada de aceitação, um reconhecimento de que a vida não é justa. "Eu a perdoo, vida, pela merda que você fez com minha irmã." Não podia fazer isso. Eu aceitava o fato de estar viva e Anne-Marie morta. Aceitava que não havia acordo oferecido nem proposto. Mas perdão? Alguma coisa me impedia.

Desliguei todas as luzes da sala de estar e fui me sentar ao lado da minha mãe no sofá. Nós nos sentamos lá, no escuro, por muito tempo, olhando para a árvore gigantesca iluminada. Há alguns anos, eu teria saído para a noite à procura de uma estrela no céu. Talvez a estrela que estivesse procurando no céu todos esses anos estivesse, na verdade, ali. Na árvore. Na minha família. Em todos estes livros. Em todas as lembranças que eu carregava dentro de mim.

Paz na Terra.

Boas novas de grande alegria.

Não era perdão. Mas era um começo.

8

ENCONTRANDO UMA NOVA OPORTUNIDADE

Uma vez que se prende aos ombros de alguém,
a culpa não se solta facilmente.

Martin Corrick
By Chance

A princípio, quando estava ao lado do leito de morte da minha irmã ouvindo meu pai chorar e vendo minha mãe apertar o lençol branco que cobria o corpo de Anne-Marie, pensei apenas em como conseguiria respirar novamente, como continuaria viva agora que Anne-Marie já não vivia. Mas, sob meu cérebro reativo, nas profundezas do recesso da matéria, das lembranças e das motivações, a culpa se infiltrava. À medida que os dias passavam, sentia o peso da culpa, pesada e incômoda demais. Eu lutei contra ela, revirando-a para cima e para baixo, tentando entendê-la. Meu lado racional sabia que eu não era responsável pela morte dela. Meu lado irracional não tinha tanta certeza disso. Ao longo dos meses e anos, a culpa persistiu. Reagi vivendo o mais rápido que pude, achando que, vivendo em dobro, eu estava compensando a vida de Anne-Marie, vivendo a vida cheia de experiências que ela jamais teria. No livro *By Chance*, de Martin Corrick, James Watson Bolsover também é um homem marcado pela culpa. Duas mortes recaem sobre ele: a de sua mulher e a de uma criança. Bolsover luta contra esse remorso, combatendo-o com racionalização, raiva, tristeza e resignação, porque "uma vez que se prende aos ombros de alguém, a culpa não se solta facilmente". A morte da esposa, causada por uma doença, claramente não é culpa dele, enquanto a morte da criança foi um acidente. Mesmo assim ele acredita que talvez pudesse ter amenizado a doença e evitado o acidente. Sem optar pela inocência ou culpa, Bolsover sofre.

Bolsover tenta encontrar uma explicação para as duas mortes, a fim de descobrir algum motivo por que elas tiveram de acontecer ou para saber se elas poderiam ter sido evitadas. No início de *By Chance*, ele faz a pergunta: "Se a ficção não está preocupada em entender, qual sua função? Ela serve apenas para passar o tempo?". Mas ele já sabe a resposta. O propósito da grande literatura é revelar o que está escondido e iluminar o que está na escuridão.

Eu estava bem ao lado de Bolsover em sua busca por entendimento, torcendo para que ele encontrasse um porquê para as mortes, esperando que ele pudesse encontrar alívio para sua sensação horrivelmente dolorosa de responsabilidade e, ao encontrar tal alívio, mostrasse-me um modo de aliviar minha própria dor. Bolsover sentia a dor como uma garra presa a seu ombro. Eu a sentia mais perto de mim, um arranhão profundo contra meu coração. Meu coração ainda pulsante. Pulsando apenas por acaso. O acaso que levou minha irmã, mas me manteve viva.

Anne-Marie não gostava muito de mim quando eu era criança. Ela tinha bons motivos. Eu era uma irmã caçula endiabrada. Eu ia até seu quarto, quando ela não estava em casa, e pegava suas coisas para mim. Eu pegava roupas emprestadas – ela sempre teve roupas melhores do que as minhas, ela sabia escolher coisas boas – e as usava na escola. Depois de usar uma camisa dela, eu me lembro de escondê-la no fundo do armário e responder que não sabia onde a camisa estava quando Anne-Marie me perguntou se eu a havia visto.

Certo dia, encontrei o diário de Anne-Marie e o li. Quando ela chegou em casa, tirei sarro dela por causa de Scott Goodman, o vizinho pelo qual ela era apaixonada. A verdade é que todas as meninas eram apaixonadas por Scott, eu inclusive, porque ele era alto, bonito e muito, muito gentil. O fato de Anne-Marie gostar dele era uma surpresa. Seus gostos geralmente iam contra a corrente popular dos gostos e desgostos. Ela não era uma rebelde e sim uma iconoclasta. Anne-Marie era sofisticada e judiciosa, de um jeito muito além do que se esperava de uma menina de dezesseis anos do interior. Ela aceitou o sarro sobre Scott me contragolpeando com insultos pesados em relação ao tamanho diminuto do meu cérebro e o tamanho avantajado do meu traseiro e escondeu seu diário onde eu jamais pudesse encontrá-lo novamente. Anne-Marie nunca contou aos meus pais sobre minhas bisbilhotices e minhas piadinhas. Ela não era dedo-duro.

Mas eu era. Eu contei a meus pais quando descobri cigarros no banheiro dela, dizendo à minha mãe que estava preocupada com a saúde de Anne-Marie. Mas não era nada disso, claro. Eu só queria vê-la metida em confusão. Queria que ela prestasse atenção em mim, a irmãzinha enfezada. Qualquer atenção, até mesmo seus insultos cáusticos, era melhor do que nada. Mais tarde, quando ela se tornou mais malvada e rápida em seus insultos, eu quis lhe devolver a mágoa que ela me causava. Agora posso ver que era eu quem começava as brigas entre nós. Estava usando o único poder que eu tinha, o de incomodar e irritar. Anne-Marie era maior, mais inteligente e muito mais bonita do que eu. Mas, no jogo de irritar, eu ganhava com folga.

De acordo com a dinâmica fraterna, Natasha era a irmã com a qual eu brincava e Anne-Marie era a irmã que eu importunava. Não que não houvesse qualquer tipo de solidariedade entre nós quando necessário. Certo verão, durante uma viagem pela França, meu pai parou o carro no posto para abastecê-lo. Anne-Marie estava na janela brincando com seu troll ruivo chamado Troll. Assim que meu pai saiu do posto para voltar à estrada, Anne-Marie deixou o Troll cair pela janela. Meu pai não iria voltar para salvar o boneco. Estávamos numa estrada sem retorno próximo e não atrasaríamos nossa viagem por causa de um brinquedo.

– Mas é o Troll! – protestou Anne-Marie. Natasha e eu nos juntamos a ela, chorando por quilômetros e quilômetros. Chorávamos por Anne-Marie, despojada de seu Troll, agora completamente sozinho num país estranho.

Troll foi substituído pelo coelhão Steiff e, mais tarde, o coelho foi substituído por um leão de pelúcia de trinta centímetros de comprimento chamado Lion. Lion tinha olhos castanhos brilhantes, uma exuberante juba dourada e uma barriga amarela macia. Anne-Marie o segurava com uma das mãos e usava os dedos para mover os braços do leão para cima e para baixo, fazendo gestos e dando-lhe voz. Lion era seu *alter ego*. Lion podia dizer qualquer coisa – transmitida com uma versão estridente da voz de Anne-Marie –, e como ele era esperto e rápido, todos riam com ele. Até mesmo eu ria, apesar de algumas de suas falas mais ásperas me usarem como alvo. Eu falava sobre os livros da senhorita Piggle-Wiggle, de Betty MacDonald, uma das minhas séries preferidas, e o leão se intrometia: "Wiggle, reboladora. Gosto disso. E um plop, plop e esse pode ser meu novo apelido para você. Porque é assim que faz quando você anda. Plopploprebolarebola".

Certa tarde, quando eu estava na sétima série, entrei num ônibus comum para ir para casa. Eu não lembro por que eu precisava pegar o ônibus naquele dia. Talvez eu tivesse ficado depois do horário normal e não quisesse andar até minha casa. Era uma caminhada de apenas trinta minutos, mas talvez eu estivesse cansada ou pensasse que escureceria logo. O que lembro é de pensar que a rota do ônibus estava estranha. Por algum motivo o ônibus estava indo para o centro de Evanston. Achei que ele chegaria até lá e voltaria para o norte da cidade.

O ônibus parou por um instante numa enorme garagem no centro que também servia como terminal de ônibus. Olhei pela janela e vi Anne-Marie lá na calçada. Ela me viu ao mesmo tempo e seus olhos se arregalaram. Ela começou a acenar para mim, gritando. Quando o ônibus começou a andar, ela começou a correr ao lado dele, gritando:

– Pare! Pare!

O ônibus parou e Anne-Marie entrou.

– Desça –, ela disse para mim. – Você está no ônibus errado.

Eu havia entrado num ônibus que ia para o terminal da rua Howard em Chicago. O terminal ficava num lugar perigoso, cheio de bares mal iluminados, lojas de bebidas protegidas por grades de ferro, lojas de penhores sujas e prédios residenciais decadentes. Para uma menina de doze anos sem dinheiro, chegar àquele terminal com o sol se pondo e o frio chegando seria como chegar ao lugar mais assustador da Terra.

– Você salvou minha vida –, balbuciei, comecei a chorar e a tremer. Anne-Marie me abraçou.

– Não seja estúpida.

Mas eu sabia que ela havia me salvado. Eu era uma menina ingênua e mesmo assim ela correu atrás do ônibus que poderia ter me excluído da sua vida e me tirou de dentro dele. Ela podia até não gostar de mim, mas me amava. Juntas, pegamos o ônibus certo para casa. Sentei-me ao lado da minha irmã e prometi a mim mesma que jamais entraria no quarto dela novamente, nunca a deduraria nem a espionaria. Antes, eu achava que Anne-Marie era melhor do que eu, agora eu tinha certeza. Ela não só era mais inteligente e bonita, ela tinha um coração generoso disposto a me perdoar e a me salvar. Natasha era minha amiga, a companheira com a qual eu brincava, a irmã que eu procuraria depois de um pesadelo e me deixaria dormir ao seu lado. Mas Anne-Marie se transformou no meu objetivo de vida, aquela cuja aprovação eu queria até mais do que a dos meus pais. Ela foi colocada sobre um pedestal e, para mim, ela nunca mais desceu de lá.

Em *To Siberia*, de Per Petterson, um irmão e uma irmã que vivem em North Jutland durante os anos da Segunda Guerra Mundial passam por dificuldades e enfrentam um rompimento familiar. Como têm um ao outro, porém, eles sobrevivem. Mas depois se separam. O irmão, envolvido com a resistência, precisa fugir da cidade ocupada pelos nazistas. Agora, a menina está sozinha. Ela não está mais entrelaçada e afinada com o irmão. Ela não tem mais proteção nem é confortada por ele. Sua vida evanesce: "Tenho vinte e três anos e não resta nada. Só o resto".

O que Petterson quer dizer com estas palavras, "só o resto"? Para mim, elas significavam que, pelo resto da vida da menina, ela estaria sozinha, vivendo na ausência do irmão. Foi o que entendi. Eu havia vivido minha vida inteira ao lado da minha irmã e então, de repente, já não estávamos mais vivendo juntas. Eu achava difícil imaginar a vida sem ela. Como minha vida poderia ainda ser uma vida completa? Ninguém podia substituir a pessoa que morreu.

Anne-Marie, certa vez, leu para mim Ezra Pound, que dizia que o que mais amamos "permanece e o resto é inútil". O que ela não acrescentou foi a promessa de Pound: "O que tu bem amas não será tirado de ti". Nem mesmo a morte vai tirar a pessoa amada de mim? A irmã de *To Siberia* vive muito e escreve sobre o irmão. Ela transforma a história da perda da união deles num registro de uma história de amor. Ao escrever, ela redescobre seu irmão. Lendo essas palavras, lendo esses livros, eu estava redescobrindo minha irmã.

Eu me lembrava de Anne-Marie nos personagens que encontrava em todos os livros que lia. Ela era uma espécie de heroína que os escritores gostam de colocar nos livros, com sua força silenciosa, resiliência, sua total falta de pena de si mesma ou de preocupações com as coisas triviais e sua combinação exaltada de beleza e inteligência. Anne-Marie tinha um lado negativo, mas até mesmo estas características me pareceram sempre maravilhosas. Seu humor cáustico era uma faca afiada e precisa, mas jamais direcionada contra alguém incapaz de aceitar o golpe (ela nunca era cruel) e sua impaciência com a idiotice talvez fosse exagerada, mas nunca era equivocada. Mesmo quando eu era a idiota, alvo da sua raiva, raramente me sentia injustiçada – só queria um pouco mais de compaixão. E sempre, com o tempo, a compaixão se mostrava.

A protagonista de *O leilão do lote 49*, de Thomas Pynchon, é Oedipa Maas. Ela é arrogante, mas também insegura; inteligente, mas autoquestionadora; honesta, séria e otimista, mas não ingênua. Além disso, é bonita, com pernas longas e cabelos compridos, ela era Anne-Marie. Quando li o livro, imaginei Oedipa como minha irmã e meu interesse por sua história aumentou.

Anne-Marie era Aurora em *The Curriculum Vitae of Aurora Ortiz*, de Almudena Solana, uma mulher que vive de acordo com a própria vontade, completa e tranquilamente. Ela não entende por que as pessoas vivem sem pensar ou explorar: "Por que as pessoas têm tanto medo de pensar? Por que elas nunca reservam um tempo para refletir? Não há nada de errado com a tranquilidade; nem com o vazio nem com o tédio nem com a infelicidade. Acho que essas coisas são os primeiros passos para o nascimento de um raciocínio. É por isso que gosto de ler". Novamente, imaginei Anne-Marie dizendo essas palavras, me dando conselho. Vá mais devagar e pense. Leia um livro. Era o que eu estava fazendo.

Foi Anne-Marie que imaginei como a jardineira rebelde de *The Howling Miller*, de Arto Paasilinna. Ninguém pode dizer a Sanelma a quem amar ou perdoar, e tanto sua bravura quanto sua lealdade lembravam minha irmã. Anne-Marie era a Irmã de Ano Novo no conto "The Sister Years", de Nathaniel Hawthorne, uma mulher com "tanto potencial e esperança em si mesma que quase ninguém era capaz de conhecê-la sem sentir algo de muito desejável – uma busca antiga por alguma coisa – por seus préstimos gentis". Anne-Marie podia parecer reservada, mas, quando sorria, seus traços se iluminavam e se transformavam nos traços de uma menina feliz e inteligente, oferecendo-lhe todas as maravilhas do mundo.

Anne-Marie era, às vezes, profundamente insegura – pessoas estranhas e situações novas sempre a deixava nervosa – mas quando as circunstâncias verdadeiramente terríveis do câncer se abateram sobre ela, ela reagiu com uma disposição de ferro, recoberta por graça e tranquilidade. Novamente como a heroína de um livro, Anne-Marie se jogou diante do trem em movimento, que era o câncer, e tentou me proteger da realidade. Ela absorveu toda a verdade e todo o horror sozinha. Tremo agora só de pensar em como ela deve ter se sentido, assustada, com raiva, impotente. Não sei se bancar a corajosa para mim a ajudou psicologicamente com a doença. Ou se ao aceitar o fardo de me proteger – como sempre fez – ela carregou um fardo ainda mais pesado.

A culpa que me assolava, a facada que me acordava no meio da noite e me fazia pensar no meu futuro, vinha de imaginar como Anne-Marie suportou o horror do câncer. Como ela estava sozinha. Como foi possível ela não dividir o peso da sua doença ou se livrar dele. E havia ainda a culpa por tê-la colocado num pedestal há muitos anos, sem deixá-la descer. Eu estava em busca de um veredito – inocente ou culpada – assim como Bolsover. E, também como Bolsover, eu estava em busca de um motivo ou uma explicação quanto ao porquê de ela ter de morrer.

Em *By Chance*, Bolsover acaba entendendo que "ele não é um homem amaldiçoado, apenas um homem tolo". O alívio que ele encontra não está na absolvição da sua culpa e sim na absolvição da sua vida. Ele entende que tem sorte por estar vivo; que é só "por acaso" que ele está vivo, enquanto sua esposa e filho estão mortos. Bolsover decide aceitar o que lhe é proposto e aceita toda a paz e felicidade que lhe é possível, enquanto é possível. O que mais ele pode fazer além de acordar todas as manhãs, seguindo por onde "o sol abriu uma estrada flamejante alaranjada e dourada?". Ele entende que "uma pessoa precisa ter controle sobre a própria vida ou se tornar nada além de um galho quebrado, à deriva na correnteza".

A culpa era a força que estava me impedindo de perdoar a morte de Anne-Marie. A culpa era a barreira que havia entre a aceitação do fato de que eu estava viva e ela não. Minha irmã mais velha, a mais inteligente e bela, perdera a vida depois de ter salvado a minha, há vários anos.

Eu tinha de me perdoar por estar viva.

Lá pelo fim de janeiro, li *Moonlight Shadow*, de Banana Yoshimoto. Satsuki, uma jovem cujo namorado foi morto num acidente de carro, tenta conter sua dor correndo pela cidade. Todas as manhãs, quando sai para correr, Satsuki para para descansar na ponte onde viu pela última vez o namorado. Certa manhã, ela encontra uma mulher na ponte e elas começam uma estranha amizade. "Em algum lugar, no fundo do meu coração, sentia que a conhecia há muito tempo e o reencontro me deixou tão nostálgica que eu queria chorar de alegria." Por meio dessa mulher, Satsuki recebe uma oportunidade única, a de ver seu namorado pela última vez e conversar com ele. Ela chama do outro lado do rio: "Hitoshi, você quer falar comigo? Quero falar com você. Quero estar ao seu lado, abraçá-lo e me alegrar por estarmos juntos novamente".

Li o livro num dia frio, mas de sol. Estava sozinha em casa, os meninos estavam na escola e Jack no trabalho. Os gatos estavam deitados no chão ao lado da minha poltrona, tomando o sol que entrava pela janela. Depois de ler *Moonlight Shadow*, ajeitei-me na minha poltrona roxa. Se eu tivesse a oportunidade de ver Anne-Marie uma última vez, a mesma oportunidade que Satsuki teve com seu amado Hitoshi, será que eu pediria a ela que me perdoasse por continuar viva? Por não ter carregado o fardo do seu câncer? Não, claro que não. Tais questionamentos seriam autorreferentes e egoístas e só nos causariam dor. Em vez disso, eu lhe diria a verdade sobre o que ela me deixara como legado. Eu lhe diria o quanto eu a amara. Eu lhe prometeria que recorreria à vida dela todos os dias, em minhas lembranças e no meu modo de tocar as pessoas, os objetos e os lugares que ela deixou para trás. Eu viveria sempre com ela em minha mente: eu não estava sozinha. "O que tu bem amas...", eu lhe lembraria. E naquele amor ao qual dei prosseguimento, encontraria o perdão.

Fui até meu quarto no andar de cima. Lion estava numa prateleira, sobre uma pilha de livros policiais baratos. Ele estava gasto, seus olhos brilhantes saindo das órbitas. Sua juba amarela se tornara cinza, graças à sujeira e ao tempo, e sua barriga havia se enrijecido. Um laço dourado e alaranjado havia sido colocado em volta do seu pescoço por Anne-Marie, depois de tirá-lo da aposentadoria quando meus filhos nasceram. O laço ajudava a manter sua cabeça erguida, uma vez que a maior parte do enchimento havia vazado. Nas mãos de Anne-Marie e com sua voz, Lion havia divertido os meninos. E novamente Lion fazia piadas à minha custa, para deleite, descrença e incontroláveis gargalhadas dos meus filhos.

Agora, Lion vivia comigo, sem voz, mas ainda presente. Peguei Lion e lhe dei um beijo, no alto da sua cabecinha rota. Ele era o *alter ego* de Anne-Marie e ficaria comigo. Assim como Anne-Marie continuaria comigo, no meu coração ainda pulsante.

Desfiz-me da culpa. Meu coração está machucado, mas livre da ferida, das garras da culpa que me impediam de me perdoar por viver agora que Anne-Marie morrera. Então, para onde vou agora, qual "estrada flamejante alaranjada e dourada" eu encontraria para seguir? *Como viver*?

Lembrei-me do conselho do primeiro livro que li no meu ano, *A elegância do ouriço*, que dizia que eu encontrasse momentos de beleza, "os sempres dentro do nunca". Eu estava encontrando beleza, recuperando lembranças e absolvendo a culpa. Buscando paz e descobrindo a alegria. Meu caminho estava livre. Era um caminho que brilhava com palavras, palavras que se tornavam frases, e parágrafos, e capítulos, e livros. Meu caminho era pavimentado por livros.

9

Para receber o intruso

Quando você possui um livro com toda a força da sua mente e espírito, você se aprimora. Mas quando você passa o livro adiante, se aprimora três vezes mais.

Henry Miller

Certo dia, em meados de janeiro, um intruso chegou a minha vida. Era tarde e as crianças estavam em casa, depois da escola. Uma amiga me ligou e perguntou se podia passar aqui em casa. Ela tinha um livro para eu ler.

– Adorei –, ela disse.

Minha amiga – ou melhor, o livro oferecido por ela – era o intruso, um hóspede inesperado na minha mesa de livros.

Após três meses lendo um livro por dia, eu já estava num ritmo de leitura e escrevendo resenhas. Janeiro havia quase terminado e as depressões pós-festas e de inverno não tiveram chance comigo este ano. Eu estava envolvida demais nas minhas leituras de grandes livros e no desafio de escrever sobre eles todos os dias. Todas as manhãs eu publicava minha resenha do livro que havia lido no dia anterior. Depois ia até a estante e ficava olhando os livros que comprara ou emprestara da biblioteca. Pegava o livro do dia, caminhava lentamente até minha poltrona e começava a lê-lo. Se alguém ligasse, eu atendia.

– Está ocupada –, a pessoa perguntava.

– Sim, estou trabalhando –, eu dizia. Sentada na minha poltrona, os gatos por perto, eu estava lendo um grande livro. Esse era meu trabalho este ano, e era um bom trabalho. Não havia salário, mas a satisfação era diária e profunda.

Algumas manhãs, depois de publicar minha resenha, eu ia até a biblioteca local para um passeio rápido por entre as estantes, à procura de novos autores e novos livros de autores admirados. Eu pegava um punhado de livros, encontrava um cantinho silencioso com uma boa poltrona para me sentar e começava a ler.

A Biblioteca Pública de Westport tinha poltronas espalhadas por todo o prédio, mas os melhores lugares eram os que ficavam ao lado das janelas com vista para o rio Saugatuck. Numa manhã ensolarada, não importava o frio que estivesse fazendo lá fora, eu podia mergulhar na ilusão do calor do verão ao me sentar ao lado da janela quente e olhar para as águas reluzentes e tremulantes do rio, pontuadas por pássaros. Quando fechava meus olhos contra o sol e via o brilho amarelo e alaranjado contra minhas pálpebras, eu me sentia tão quente e relaxada quanto se estivesse sentada numa ilha deserta com nada além de uma cadeira de praia e meus livros. Nos dias em que eu passava na biblioteca, eu seguia o sol como uma flor presa a seu caule, indo de uma poltrona a outra para sempre estar na luz e no calor.

Enquanto que, nos meus primeiros meses de leitura, eu sempre pegava meus próprios livros, com um ou outro presente da minha mãe para acrescentar à prateleira, agora eu tinha amigos – e mais amigos – me oferecendo livros. Livros que me eram entregues com as palavras "Leia isso. Adorei e sei que você também vai gostar".

Mas e se eu não gostasse do livro? E se eu o odiasse? Nos últimos meses, houve um ou outro livro, por mim escolhido, que eu começara, mas cuja leitura interrompi porque havia ficado claro para mim que eu não gostara do livro e que ele não melhoraria se eu avançasse a leitura. Com livros dados por amigos, eu não tinha escapatória. O livro era um presente e os presentes devem ser lidos. É uma das regras da amizade. E todos os livros lidos tinham de ser resenhados: era uma regra do meu ano de leituras. Eis, portanto, meu dilema. Eu não podia julgar o livro presenteado com umas poucas palavras, "Interessante" ou "Adorei o cenário". Eu tinha de escrever uma resenha completa e verdadeira.

As pessoas compartilham os livros que amam. Elas querem espalhar para os amigos e familiares a sensação boa que sentiram ao ler o livro ou as ideias que encontraram nas páginas deles. Ao compartilhar um livro amado, um leitor está tentando compartilhar o mesmo entusiasmo, prazer, medo e ansiedade que experimentou ao ler. E por que mais o fariam? Compartilhar o amor pelos livros ou por um livro específico é uma boa coisa. Mas é também uma manobra arriscada para ambos os lados. Quem dá o livro não está exatamente expondo a alma para uma rápida olhada, mas quando o entrega com o comentário de que é um de seus preferidos, está muito próximo de expô-la. Somos aquilo que gostamos de ler e quando admitimos que adoramos um livro, admitimos que este livro representa verdadeiramente algum aspecto do nosso ser, seja o fato de sermos loucos por romance, ou por aventura, ou secretamente fascinados por crimes.

Na outra ponta está quem recebe o livro oferecido. Se for uma pessoa sensível, ela sabe que a alma do amigo que lhe oferece o livro está exposta e que ela, a pessoa que o recebe, não deve espiar a alma do amigo. Não estou exagerando. Há dezesseis anos uma amiga de trabalho me emprestou *As pontes de Madison*, de Robert James Waller. Li o livro numa só noite e, quando o discuti com Mary, fiz alguns comentários sobre ter achado que o livro era manipulador e inverossímil.

– Claro que fiquei acordada até a madrugada lendo-o – eu queria saber se eles se reencontrariam –, mas aquele livro não tem nada a ver com a maneira como as pessoas de verdade se relacionam. É romantismo absurdo.

Mary me disse que eu não havia entendido nada e parou de vir até a minha mesa ou de conversar sobre o cotidiano no trabalho.

Ao dizer que o livro era tolo, eu a havia chamado de tola. E eu não repetiria esse equívoco. Mas como eu iria resenhar um livro de que não gostara se ele me foi dado por um amigo ou amiga de quem eu gostava muito?

Minhas irmãs e eu sempre compartilhamos livros, desde que aprendemos a ler, passando pela adolescência até a idade adulta. Natasha e eu, ambas fanáticas por cavalos, trocávamos os livros de Marguerite Henry. Meu preferido era *Black Gold*, o dela era *Misty of Chincoteague* e ambas amávamos *Born to Trot*. Quando completei treze anos, Anne-Marie me deu seu exemplar de *Steal This Book*, de Abbie Hoffman (ela soube que eu pegara o livro do seu quarto e fez de conta que o roubo foi um presente). Dei uma olhada no índice. Era interessante no geral, mas fiquei enlouquecida com as referências a abortos gratuitos e tratamentos de doenças. Que tipos de doença? Eu não tinha interesse em plantar minha própria maconha ou em viver em comunidade. Mas o livro era um símbolo. Fechei-o e o deixei na minha mesa para que os amigos o vissem quando me visitassem. Eu havia sido convidada a entrar num mundo adulto pela minha irmã mais velha. Eu já não era sua irmãzinha, estava crescendo.

Anne-Marie me deu de presente meu primeiro Wilkie Collins, *A pedra da lua*, quando eu estava na faculdade de direito, dando início a uma crescente obsessão pelo autor que jamais desapareceu do meu coração e alma. Ela também tentou fazer com que eu me interessasse por Anthony Trollope, mas não conseguia me interessar por ele nem por sua Barsetshire. Quando fiquei de cama, duas semanas depois de uma operação no joelho, ela comprou para mim *The Quincunx*, de Charles Palliser, um falso romance vitoriano completo, com crianças órfãs, encontros casuais importantes, sobrenomes absurdos (e maravilhosos) e uma trama fascinante que me manteve presa ao livro da página 1 até a 781.

A troca de livros entre irmãs é muito menos arriscada à exposição ou rejeição do que entre amigos. Há menos coisas para se ocultar e perder. Para começar, a alma de uma irmã já foi exposta um milhão de vezes, por vontade própria ou não (afinal, eu lera o diário de Anne-Marie); além disso, minha família estava sempre lá, para o que desse e viesse. Quando um amigo me oferecia um livro, havia muito mais coisas em risco. Um livro oferecido é uma mão estendida, correndo o risco de não ser aceita e de até mesmo ser rejeitada. Um livro oferecido e um livro rejeitado: será que isso era capaz de arruinar uma amizade? Foi o que aconteceu uma vez, com a Mary do trabalho, e eu não queria que acontecesse novamente.

Meus amigos sabiam do meu projeto de um livro por dia, durante um ano, embora eu me esforçasse ao máximo para não falar sobre isso o tempo todo. Eu não queria ser aquela pessoa chata que fica falando com entusiasmo sobre livros em jantares. Eu tentava não monopolizar as conversas, transformando-as em aulas sobre livros para o bem dos meus pobres conhecidos acanhados. Já era péssimo o fato de ser eu a única a cantar "Estou apaixonada, estou apaixonada, estou apaixonada, estou apaixonada por um livro maravilhoso". Por sorte, eu tinha mais do que um amigo disposto a me dar um livro dizendo: "Ei, tente este". Percebi que, ao escrever minhas resenhas de tais livros, eu podia ser honesta, mas também tinha de expressar minha gratidão. Gratidão pela troca, pela alma exposta e pela amizade.

"O amor é cego e isso serve para os livros também", escrevi em minha resenha de *O amor chegou*, de Marisa de los Santos. Depois citei uma expressão flamenga muito usada por minha mãe: *Ieder diertje zijn pleziertje.* Traduzida literalmente, ela significa: "Cada animal tem seu prazer", ou seja, "a cada pessoa, o que lhe cabe". *O amor chegou* foi um presente e, embora as palavras do livro não tenham sido capazes de me tocar, o presente me emocionou profundamente. Com aquele presente, eu sabia que era amada e aquilo fez com que eu me sentisse bem. Retribuí o amor com um presente meu, emprestando *The Third Angel*, de Alice Hoffman, um livro que havia acabado de ler e do qual gostara. Minha amiga gostou do livro? Ela disse que sim quando me devolveu algumas semanas mais tarde.

Há bibliófilos que nunca emprestam livros, com medo de perderem seus tesouros para sempre (um antigo provérbio árabe aconselha: "Quem empresta um livro é um idiota. Quem devolve um livro emprestado é mais idiota ainda"). Sempre emprestei muitos livros, seguindo o conselho de Henry Miller: "Como dinheiro, os livros precisam circular o tempo todo. Empreste e pegue emprestado ao máximo – tanto livros quanto dinheiro! Mas principalmente livros, porque livros representam muito mais do que dinheiro. Um livro não é apenas um amigo, ele faz amigos para você. Quando você possui um livro com toda a força da sua mente e espírito, você se aprimora. Mas quando você passa o livro adiante, se aprimora três vezes mais". Eu faria amigos aceitando e dando livros e não os perderia. Se eu fosse incapaz de suportar a perda de um livro, principalmente um no qual eu escrevera anotações nas margens e nas últimas páginas, eu comprava outro exemplar e o emprestava.

Acabei percebendo que minhas leituras e trocas de livros com as leituras e trocas dos meus amigos estavam sendo multiplicadas por milhões de pessoas ao redor do mundo, à medida que amigos, irmãos, mães e filhos em todo o planeta descobriam livros que amavam e compartilhavam o que aprendiam com as pessoas que amavam. A lição me chegou não graças a um livro presenteado e sim por *e-mail*. A mãe de um bom amigo me enviou um e-mail da Flórida recomendando *A arte de correr na chuva*, de Garth Stein. Um amigo da Califórnia me enviou um *e-mail* recomendando *O tigre branco*, de Aravind Adiga: "Meu grupo de leituras acabou de lê-lo, algumas pessoas adoraram e outras odiaram. Sem meio-termo". Depois, uma mulher da Áustria me escreveu para dizer que havia adorado a resenha de *Na praia,* de Ian McEwan. "Já leu *Reparação*?", ela escreveu. "Eu li e o presenteei a todas as pessoas que conheço. Muito melhor do que o filme".

Minha cunhada me enviou seu exemplar de *Third Angel*, de Hoffman. Eu li e adorei. Foi uma resenha fácil de escrever. "O terceiro anjo surge, por um instante apenas, quando o amor é incondicional, e aquele instante é o que basta para mudar alguém, consolar alguém, ajudar alguém e salvar alguém. O terceiro anjo surge quando um pôr do sol, um campo de arbustos ou um filhotinho de cachorro basta, quando o amor basta, quando só o fato de saber da existência das possibilidades da vida basta." Ou talvez o terceiro anjo surja quando um amigo dá um livro a outro, expondo o coração e a alma.

Recebi um *e-mail* de um homem de Nova York que estava fazendo pesquisas para uma reunião de leitores e se deparou com minha resenha de *The Sin Eater*, de Alice Thomas Ellis. Nos meses seguintes, ele se tornaria um correspondente regular, recomendando livros como *The Old Man and Me*, de Elaine Dundy, e *Desesperados*, de Paula Fox. Ele e eu, completos estranhos, criamos uma ligação graças ao nosso amor pelos livros. Um leitor fez contato da Alemanha, a irmã de um amigo escreveu do Brasil com recomendações de escritores brasileiros, uma mulher me escreveu de Cingapura e eu tinha toda uma multidão de admiradores de livros anglófilos com suas recomendações. Havia todo um mundo de leitores vorazes lá fora e todos tinham uma "leitura obrigatória" e um "livro preferido" para mim.

Havia mais no meu ano de leituras do que eu havia imaginado. Eu não só estava recuperando lembranças como também estava compartilhando lembranças de um dos grandes prazeres da vida de uma pessoa, a leitura, com um grupo cada vez maior de amigos e estranhos, tanto leitores quanto escritores.

Ao redor do mundo, em determinado dia, centenas e até milhares de leitores talvez estejam lendo o mesmo livro. Há eventos organizados de leitura em conjunto, como a leitura comum organizada pela biblioteca municipal da minha cidade. Num ano lemos *O doador*, de Lois Lowry; este ano estávamos lendo *The Housekeeper and the Professor*, de Yoko Ogawa. Mas, mesmo sem qualquer planejamento, uma mulher na Califórnia pode decidir reler *O grande Gatsby* no mesmo dia em que um jovem de Nova Déli decide que é hora de saber se o livro é melhor do que o filme e ao mesmo tempo em que um aposentado em Varsóvia encontra uma boa tradução – *Wielki Gatsby* – numa barraquinha de livros e decide comprá-la e começa a lê-la no mesmo dia.

O que esses leitores têm em comum? Eles talvez não tenham nada em comum além de saberem ler e usarem essa capacidade para ler livros. Li *Surdo mundo*, de David Lodge, em janeiro, assim como muitas pessoas ao redor do mundo. Recebi um *e-mail* de uma mulher que morava "em Devon (Inglaterra), num isolamento esplêndido". Ela assistiu a uma palestra de Lodge sobre o romance: foi "fascinante". Uma mulher na Austrália me escreveu depois de ler *The Howling Miller*, de Paasilinna, e se deparar com minha resenha do livro. Ela sugeriu que eu lesse *Moon Opera*, de Bi Feiyu. Eu morava num subúrbio de Connecticut, ela morava perto de Melbourne, Paasilinna vivia na Finlândia e Feiyu vivia na China. Ao redor do mundo com um livro e de volta para casa. Cada um de nós incluiu suas próprias experiências na maneira de interpretar o livro (o que, em parte, reflete a diferença de gostos em relação aos livros), mas as palavras que lemos eram as mesmas. Estávamos compartilhando uns com os outros e com o autor.

Os benefícios da troca de livros são "triplicados", como prometeu Henry Miller: vários livros para ler, um mundo de novos autores para conhecer e um universo de leitores com os quais compartilhar a experiência da leitura. O intruso que eu havia temido – livros compartilhados com todo o coração – se transformou num dos pontos altos do meu ano de leituras, um prêmio para me manter bem abastecida de novos autores, novos livros, novas ideias e novos amigos. Como a velha tia Elinor afirma em *Coração de tinta*, de Cornelia Funke: "Os livros amam todos que os abrem, eles lhe dão segurança e amizade e não pedem nada em troca; eles nunca se vão, nunca, nem quando você os trata mal. Amor, verdade, beleza, sabedoria e consolo contra a morte. Quem disse isso? Alguém que também amava os livros". É esse amor compartilhado pelos livros e a compreensão compartilhada sobre o que eles têm a oferecer que mantêm o mundo dos leitores e escritores unido.

Os dois lados da troca de livros, tanto quem empresta quanto quem pega emprestado, sentem medo. Como você é corajoso por superar esse medo a fim de compartilhar o amor, a verdade, a beleza, a sabedoria e o consolo contra a morte! As tramas da amizade se entrelaçam na alegria conjunta por um livro. Se, depois, compartilha-se determinado livro que não é apreciado por ambas as partes, a amizade sobrevive. Outro dia trará outro livro e talvez outra experiência comum de conexão e satisfação. Eu gostaria de ter devolvido *As pontes de Madison* sem desprezá-lo, com um sorriso e outro livro nas mãos. Mary me emprestou outro livro na época em que eu estava lendo muito Laurie Colwin. Eu podia ter lhe dado meu preferido, *Good-bye Without Leaving*, dizendo:

– Leia este. É possível que você adore.

Amizade salva e um livro dividido.

10

Ouvindo palavras que havia perdido

Você já ficou arrasado ao terminar um livro? Algum escritor já continuou sussurrando em seu ouvido muito depois de você ter virado a última página?

Elizabeth Maguire
The Open Door

Na primavera em que Anne-Marie esteve doente, passei uma tarde de sábado em seu estúdio, no seu apartamento na rua 96, no East Side. Ela e Marvin haviam reformado o cômodo há alguns anos, transformando o quarto extra num cantinho aconchegante, um escritório agradável onde Anne-Marie pudesse trabalhar. Uma mesa larga, do tamanho de uma porta e pintada de bege escuro, ficava apoiada sobre dois armários num dos cantos ao lado da janela com vista para a rua 96 com a Madison. Aquela era a mesa de Anne-Marie, enfeitada, naquele sábado, com pilhas de papéis, livros e seu computador agora fechado. Ela não trabalhou nas últimas semanas, os analgésicos a mantinham dopada e ela estava cansada demais o tempo todo. Havia fotos de Marvin em molduras dispostas ao longo de toda a mesa, além de fotos dos meus filhos em várias idades. Imagens que ela mesma havia desenhado estavam penduradas na parede com cartões-postais e fotografias instantâneas de lugares que Anne-Marie havia visitado. Paris. Los Angeles. Fiesole. Pienza. Udaipur. Ilha do Fogo.

Na parede do outro lado ficava uma estante de livros que ia do chão ao teto, fechada na parte inferior e aberta na parte de cima. As prateleiras estavam entupidas de livros – história da arte, filosofia, romances, poesia e sua coleção de livros do Tintin. A parede entre as prateleiras e a mesa tinha três janelas, exposta ao norte, à luz do sol. Uma gravura de William Morris em verde e cinza cobria o espaço restante da parede, as trepadeiras e flores se sobrepunham e se estendiam para o teto.

No meio do estúdio ficava um sofá marrom e, diante dele, uma mesinha de centro coberta agora por livros, revistas e envelopes do Netflix. Novas contribuições ao apartamento, um televisor e um DVD, presentes dos meus pais, ficavam em frente ao sofá. Anne--Marie e Marvin assistiam a filmes à noite, à espera de que os remédios finalmente fizessem minha irmã dormir e lhe permitissem algumas horas de descanso antes que a dor e o desconforto a acordassem novamente.

Anne-Marie tinha outra visita naquele sábado, uma amiga da faculdade que lecionava no Colégio Williams. Liz viera para uma visita rápida e fora embora logo depois que cheguei. Ela cheirava bem, um perfume leve de folhas úmidas e frescas. Depois que ela foi embora, o perfume doce permaneceu, juntamente com o sabor palatável de generosidade e preocupação que agora se sentia em todas as visitas para a minha irmã. Quando Anne-Marie ficou sozinha, fui me sentar ao seu lado, pronta para fazer o costumeiro – e, com sorte, divertido – relatório da Minha "vida entre os selvagens". Anne-Marie e eu adorávamos o livro de Shirley Jackson, seu hilariante retrato da vida nos subúrbios com crianças pequenas.

Mas Anne-Marie não queria ouvir falar dos meninos. Ela se virou para mim e me abraçou, seus braços magros apertados contra minhas costas. Escondi meu rosto em seu cabelo e ouvi enquanto ela falava.

– Não é justo –, ela disse.

– Eu sei –, foi tudo o que pude responder.

Enfiei meu nariz na blusa cinza de Anne-Marie e inspirei profundamente. Não era Liz quem cheirava tão bem. Era Anne-Marie. Claro. Eu conhecia aquele perfume. Mitsouko. O perfume preferido de Anne-Marie. Inspirei profundamente, várias vezes. Abracei Anne-Marie com mais força contra meu peito que subia e descia. Eu queria lhe dar saúde. Queria lhe devolver a esperança de uma vida longa e um futuro. Não podia mais ouvir o que ela me dizia, estava perto demais, escondida em meio a seus cabelos e blusa.

Guardei aquela blusa cinza. Eu a usava com frequência naqueles dias, sentindo o frio de fevereiro através das janelas da minha sala de música, enquanto me sentava para ler na poltrona roxa. No andar de cima, no meu armário, eu mantinha um frasco pela metade de Mitsouko numa prateleira e, quando eu suportava, abria-o e o inspirava. Às vezes, me pergunto que palavras perdi naquela tarde, acovardada contra o ombro da minha irmã. Que palavras de sabedoria fui incapaz de ler ou alcançar?

No começo de fevereiro, descobri palavras de sabedoria na história de outra mulher que morrera jovem demais. *The Open Door*, de Elizabeth Maguire, é uma biografia romanceada da escritora do século XIX, Constance Fenimore Woolson. O romance começa com a jovem Woolson remando sozinha ao longo da ilha Mackinac, no norte de Michigan. Woolson tem dificuldades para respirar à medida que rema, mas ela sabe disso e gosta, porque representa "o arfar da saúde". Ela está determinada a nunca se casar e sofrer dos males da gestação. "Não era justo culpar o casamento pela morte de suas duas irmãs, mas ela não iria arriscar. Desistir da vida por causa de um homem? Ela não. Ela tinha muito o que fazer."

E, à medida que Maguire conta a história, Woolson faz muita coisa mesmo. Ela se torna uma escritora para sustentar a si mesma e à mãe, escreve contos, relatos de viagens e obras mais longas. Ela viaja por toda a costa leste e se muda com a mãe para a Flórida, onde o clima é melhor para a saúde. Ela é uma leitora voraz de todos os livros lançados e, quando sua mãe morre, Woolson se muda para a Europa, desafiando as convenções do luto, porque está determinada a conhecer um de seus heróis literários, Henry James. Ela e James acabam criando uma amizade profunda e duradoura. Woolson nunca se casa, como havia profetizado. Ela permanece independente, contando com encontros românticos com um antigo amante e com as amizades como a que ela e James tinham para lhe servirem de companhia.

Ao ler *The Open Door*, me descobri gostando ainda mais de Woolson. Ela era tão entusiasmada pela vida, tão determinada quando se tratava de conseguir o que queria, e ela adorava livros. Sublinhei várias vezes as palavras que Maguire colocava na boca de Woolson sobre as maravilhas da leitura: "Você já ficou arrasado ao terminar um livro? Algum escritor já continuou sussurrando em seu ouvido muito depois de você ter virado a última página?". Sim, sim!

Na escola secundária, comecei um diário com meus trechos preferidos de livros. O objetivo do diário era funcionar como um cofre. Queria guardar as palavras sussurradas em meu ouvido por escritores admirados e armazená-las para quando eu precisasse ouvi-las novamente. Elas me inspiraram tanto quanto as li pela primeira vez, eu poderia recorrer a elas quando necessário e ressuscitar essa inspiração. Na época, eu esperava que, ao seguir aquelas palavras, eu me tornasse mais forte, inteligente, corajosa e terna. As citações que guardei em meu diário eram uma prova de como, com a orientação certa, eu enfrentaria quaisquer desafios e superaria quaisquer dificuldades.

Não que eu não tivesse orientação dos meus pais. Mas meus pais não nos ensinavam por meio de conselhos repetidos ou ditos familiares ou lições de moral. Meu pai, às vezes, nos chamava de "parasitas", como quando lhe pedíamos uma mesada maior ou quando ele reclamava de todo o trabalho no jardim que tínhamos de fazer. Mas nem ele nem minha mãe davam muita importância aos princípios gerais sob os quais vivíamos. Nós observávamos como eles se comportavam e aprendíamos com suas ações.

Meus pais gostavam de seus trabalhos e nós nunca os ouvimos reclamar sobre terem de ir ao trabalho ou sobre trabalhar longos turnos (minha mãe, quando era chefe do departamento na Northwestern ou meu pai em todas as noites em que estava de plantão). Eles gostavam de ouvir música, música bela como Schubert e Brahms, e cantores como Jacques Brel, Georges Moustaki e Nana Mouskouri. Aos domingos, sempre havia música tocando em nossa casa, nos acompanhando durante os almoços e ao longo de toda a tarde preguiçosa. Meus pais se importavam com as outras pessoas, principalmente aqueles que, como eles, eram estranhos na comunidade. Tínhamos frequentemente convidados para jantar e visitas noturnas, fossem eles imigrantes recém-chegados, membros da faculdade recém-contratados ou estudantes com saudades de casa. Nossa casa estava aberta a qualquer um que precisasse de um pouco de apoio ou consolo ou somente de uma comidinha caseira.

Meu pai trabalhava como cirurgião em três hospitais de Chicago, mas também tinha um consultório no enorme bairro polonês no lado oeste da cidade. Quando os pacientes não podiam lhe pagar, meu pai aceitava promessas de pagamento posterior e aceitava presentes como travesseiros bordados, cobertores de crochê e garrafas de licor em agradecimento por sua generosidade. Ele trazia os travesseiros e cobertores para casa e deixava a vodca no consultório. Certa tarde, no trabalho, meu pai ouviu uma explosão em sua despensa. Quatro garrafas de vodca caseira haviam explodido, deixando um cheiro no ar que dava dor de cabeça e cacos de vidro por todos os lugares.

Uma das minhas primeiras lembranças da infância é de quando fui levada pela minha mãe numa marcha pelos direitos civis. Estávamos no outono de 1966 e eu havia acabado de completar quatro anos. Naquele verão, Martin Luther King Jr. começara seu movimento de libertação em Chicago, a fim de abrir os bairros brancos às famílias negras. Organizadores de Evanston começaram uma campanha própria para integrar os bairros da cidade, fazendo longas caminhadas que começavam na parte predominantemente negra da cidade e depois passava por áreas quase que exclusivamente brancas.

Meus pais haviam vivenciado a política segregacionista de habitação de perto. Em 1964, eles compraram uma casa num pequeno condomínio no limite entre Evanston e Skokie. Logo depois de se mudarem, descobriram uma cláusula no contrato de compra da casa que nunca lhes fora mostrada por seu advogado ou pelo advogado do casal que lhes vendeu a casa. O contrato proibia a venda de qualquer casa em nosso bairro para um "não-caucasiano". Meus pais ficaram horrorizados e, juntos com outras famílias da rua, escreveram uma petição para remover a cláusula do contrato.

Minha mãe caminhou por todo o bairro pedindo assinaturas para a petição. Portas se fecharam na sua cara e bilhetes ofensivos foram deixados em nossa caixa do correio. Anne-Marie e Natasha ouviram das crianças do lugar: "Não podemos mais brincar com vocês", enquanto os pais dessas crianças processavam meus pais por perturbação (a acusação mais tarde foi retirada). Minha família finalmente se mudou do condomínio para uma casa sem restrições contratuais.

Minha mãe começou a frequentar as reuniões para a mudança da política habitacional realizadas na igreja Metodista Episcopal Africana Ebenezer de Evanston. Quando as marchas foram organizadas, ela as seguiu, levando-nos com ela. As marchas sempre começavam com um sermão na igreja. As pessoas se espremiam no interior. Depois do sermão, saíamos da igreja em ondas. Eu me lembro de sentir repentinamente frio, depois do calor da igreja, e de olhar para as centenas de estrelas no céu. Todos estavam empolgados. Havia muita risada e cantoria. Para mim era como uma festa e eu também batia palmas. Os líderes da campanha nos organizavam numa enorme fila e nos lideravam cantando "We Shall Overcome". Minha mãe me colocava num carrinho para a longa marcha e, com minhas duas irmãs ao seu lado, nós seguíamos a multidão.

Por mais forte que fossem os exemplos dos meus pais, eu me lembro de, quando criança, querer ouvir alguns conselhos deles. Eu me apegava às palavras que meu pai proferiu certa vez, quando minhas irmãs e eu estávamos reclamando por causa de alguma coisa – "Não procure felicidade na vida. A vida em si é a felicidade" – e queria mais. Eu me lembro dos sermões que escutávamos na igreja Ebenezer antes de sairmos para as marchas, principalmente quando o pastor citava Martin Luther King, encorajando-

-nos a "abrimos as portas da oportunidade a todos, todos os Filhos de Deus... Temos de deixar a justiça correr como a água e deixar que a virtude flua como um rio poderoso". Aos quatro anos, como era possível entender o que aquelas palavras significavam? De qualquer modo, eu entendia.

Nos livros que lia quando criança, os pais sempre davam conselhos ou, quando não eram os pais, algum tipo de personagem com autoridade. Ole Golly, em *Harriet, a espiã*, estava sempre citando Dostoiévski, Cowper, Emerson e Shakespeare enquanto dava conselhos a Harriet sobre como viver a vida. Mas meus pais não eram assim. Eles viviam de acordo com seus princípios e esperavam que nós os seguíssemos ou não. Como e se os seguiríamos e todas as grandes e pequenas decisões eram deixadas para nós.

Nem todas as minhas decisões eram boas. Eu fumava e bebia na escola e roubava garrafas de Chivas do porão, presentes cuja quantidade meu pai não sabia exatamente. Eu não estava bêbada na noite em que bati num carro da polícia e fugi da cena do acidente. Eu estava completamente sóbria naquela noite, apenas tentei ajudar um amigo cujo carro estava bloqueado por outro na festa. Ele tinha de ir para casa e, ao perceber que as chaves do outro carro estavam na ignição, me ofereci para tirá-lo do caminho. Não importava que tivesse apenas quinze anos e frequentasse a autoescola há apenas duas semanas. Entrei no carro, girei a chave e sai de ré, sem olhar o que havia atrás. Nunca vou me esquecer do som da batida e do tranco surpreendente do impacto. Saí do carro, vi a frente amassada do carro branco e preto da polícia e corri. Corri pelo meio dos jardins e pulei sobre uma cerca alta. Cai com força do outro lado, torcendo o tornozelo. Mancando, cheguei em casa e encontrei a polícia lá, à minha espera. Tive de me sentar sozinha no banco de trás do carro da polícia enquanto meus pais o seguiam no nosso próprio carro.

Apesar de passar uma noite assustadora na delegacia, me livrei facilmente dessa. Quando chegou o dia do julgamento, nenhum policial apareceu para testemunhar contra mim e todas as acusações foram retiradas. O castigo que recebi dos meus pais foi justo: fiquei sem poder sair de casa durante seis semanas. O castigo que recebi na escola foi pior. Eu era motivo de zombarias e alunos que eu não conhecia apontavam para mim e riam abafado. Os amigos me abandonaram depois que perceberam que eu não podia sair depois da escola, ou nos finais de semana, ou porque seus pais os aconselharam a não andarem mais comigo. Uns poucos amigos permaneceram ao meu lado e minha irmã Natasha ficava em casa à noite para me fazer companhia. Anne-Marie já estava na faculdade e ela achou que o incidente todo foi muito engraçado. Olhando para o passado, agora percebo como tive sorte por não ter machucado ninguém e posso ver que os finais de semana que passei em casa curaram meus hábitos precoces de fumar e beber. Na época, lembro de recorrer a meu livro de citações. Eu usava as palavras que encontrava nele para me animar e sobreviver à confusão em que me metera.

Ainda tenho aquele diário escolar de citações preferidas. A mistura de frases óbvias e obscuras reflete minha mente adolescente em busca de respostas. Há duas frases de *A Separate Peace*, de John Knowles: "Não se conhece ainda nenhuma determinação arrogante para se viver" e "Somente Fineu não tinha medo e somente Fineu nunca odiou ninguém". Eu caminhava pelos corredores da escola depois do acidente, a cabeça erguida, repetindo baixinho: "Não tinha medo, nunca odiava ninguém...". De *E o vento levou*, de Margaret Mitchell, eu copiara: "Afinal, amanhã é outro dia", e essa frase eu também recitava em minha mente ao caminhar pelos corredores. À noite, antes de dormir, eu relia mais citações copiadas, como este ótimo trecho de Dickens em *Um conto de duas cidades*: "É uma coisa muito, muito melhor do que faço, muito melhor do que jamais fiz" (bater no carro da polícia e fugir? Difícil!); e a citação que copiei em letras garrafais: "As pessoas não nos completam, nós é que nos completamos", tirada de *O segundo sexo*, de Simone de Beauvoir.

Eu precisava de palavras novamente. Eu precisava de orientação dos livros. Sim, ainda queria seguir a "arrogante determinação de viver" de Knowles, mas o "como" viver precisava de suporte, alimento, melhora. Eu tinha de reabrir e repor meu armazém de sabedoria. Eu precisava ouvir novamente dos escritores suas experiências. Ao ler sobre experiências, tanto boas quanto más, eu encontraria a sabedoria para poder atravessar esses tempos difíceis.

Maguire descobriu um câncer no ovário enquanto escrevia *The Open Door* e concluiu o romance durante os últimos meses de vida, antes de morrer, aos quarenta e sete anos. De acordo com as evidências históricas, Constance Fenimore Woolson saltou ou caiu em direção à morte aos cinquenta e três anos, sofrendo de gripe espanhola e depressão. Mas Maguire imagina um fim diferente para sua personagem. Ela conta que Woolson descobriu um tumor na cabeça e que tinha apenas uns poucos meses para viver. Será que Maguire precisava desse fim para que a personagem servisse como voz para os medos da autora em relação à morte e talvez à aceitação do que estava por vir? Tenho certeza de que é Maguire falando quando faz com que Woolson diga: "É difícil de acreditar, mas uma vez absorvido o choque, experimenta-se certa vertigem. De repente, eu tinha um alívio de todas as opressões menores da vida cotidiana... Era como ter de ser uma das pessoas mais egoístas e antissociais".

Como escritora, Maguire canaliza a romancista em Woolson para fazer referência a suas próprias dificuldades: "Escritores vivem no futuro. Toda a minha vida eu afastei os maus espíritos imaginando o que aconteceria em seguida. Agora, não há nada em seguida. Tudo precisa ser vivido no presente. Era um teste para minha alma pragmática". Suas palavras exaltam o desejo de viver através de suas palavras, através dos leitores que testemunhassem suas próprias experiências. "Morto... É impossível imaginar alguém morto, não é? (...) Na minha imaginação, ainda estou aqui, assistindo do céu... Parece que sou apenas um buraquinho feito na areia pela pá de uma criança, um buraco que será destruído pela próxima maré. Eu preferia ser uma montanha, impondo-se gloriosa para todo o sempre."

Uso as palavras de Maguire, imaginadas para Woolson, como substitutas para os murmúrios perdidos de Anne-Marie e para preencher tudo o que ficou para ser dito entre nós naquela tarde no seu estúdio. Ajeito-me no sofá marrom, meus braços apertados ao redor da minha irmã, e sinto novamente as folhas úmidas e frescas do seu perfume. Ouço as palavras que Maguire escreveu e nelas encontro consolo. Quando volto para minha poltrona roxa, o sol do inverno lá fora e um gato gordo no meu colo, estendo a mão para tocar a manga da blusa cinza que visto. Anne-Marie está "ainda aqui, assistindo tudo do céu".

Como eu queria mandar uma mensagem para Maguire – *Suas palavras sussurraram para mim!* – e deixar que ela soubesse que eu criara, de fato, uma "montanha, impondo-se gloriosa para todo o sempre", uma montanha para mim. Uma montanha feita de palavras e oferecendo sabedoria. Através da porta que ela abriu entre nós, Maguire me diz que a vida é preciosa e frágil. Ela me aconselha a viver como sua bela personagem Woolson, com alegria, inteligência e ousadia. Ela me consola dizendo que por mais assustadora que seja a morte, ela também é inevitável para todos nós e que se ela pode encará-la de frente, Anne-Marie também podia.

Maguire usou Woolson como guia e uma interlocutora cifrada. Agora, eu usava ambas. Quatro meses lendo todos os dias e suas palavras me encontraram. Elas sussurram para mim e me levam a seguir adiante. Guardei aquelas palavras no meu cofre, para levá-las comigo e para recorrer a elas várias e várias vezes.

11

Onde se encontra o consolo

– Nada importa –, ele disse, olhando para o teto, mas sem enxergá-lo.
– Importa para mim, Jefferson –, ela disse. – Você importa para mim.

Ernest J. Gaines
Uma lição antes de morrer

Sempre sinto mais frio na última semana de inverno. Meu corpo está cansado de se manter aquecido durante meses e não consigo mais lutar contra o vento frio que entra por debaixo da porta. Num esforço para encontrar o sol e o calor, li *Scat*, de Carl Hiaasen no último dia de fevereiro. Eu sabia que Hiaasen me levaria para a Flórida, me inundando de calor e umidade e me fazendo querer viver numa canoa, viajando ao redor da vastidão selvagem das Dez Mil Ilhas do sul da Flórida. Fiz uma ótima viagem, mas, ao me levantar da minha poltrona roxa, o gramado do lado de fora da minha janela ainda estava queimado. Havia neve acumulada em montes sujos, brilhando sob o céu nublado frio. Eu não estava mais na Flórida. Eu estava no meio do inverno de Connecticut e era horrível.

Fui até meu computador para ler novamente a mensagem do *Facebook* que eu recebera há alguns dias. Era uma mensagem de Andrew. Há vinte e sete anos, eu prometi amá-lo para sempre. Há um mês, ele me enviou um pedido para que eu o aceitasse como amigo e eu aceitei. A amizade podia ser restaurada. Mas o amor? Quando fiz minha promessa de devoção eterna, há tantos anos, ela soou mais como uma ameaça: ele estava rompendo o namoro e eu jurei jamais esquecê-lo. "E você nunca vai me esquecer", foi minha maldição final.

Apaixonei-me pela primeira vez durante um acampamento de equitação. Eu tinha doze anos, a mesma idade de Tim, um menino de Milwaukee. Nós adorávamos o chão pisado um pelo outro. Depois de algumas semanas o acampamento terminou e nunca mais nos vimos, mas eu gostei de ficar pensando nele nos meses seguintes.

Minha paixão seguinte foi por um garoto que conheci em Sevilha, na Espanha, aos dezessete anos. Eu fiquei na cidade por dez dias, com um grupo da escola, e o conheci no meu primeiro dia lá. Ele era amigo da menina que morava na casa da qual eu estava me hospedando. Alicia era uma menina ótima, mas um pouco louca, com olhos muito maquiados, muito batom nos lábios e um maço de cigarros sempre surgindo do bolso de trás da sua calça. Seu pai era um homem rígido, professor e católico ferrenho, mas ele adorava a filha. Desde que ela tivesse boas notas, ela me explicou, ele a deixava fazer o que bem entendesse. E ela gostava de sair com seu namorado e ficar fora de casa até de madrugada. Na nossa primeira noite juntas, os dois me apresentaram a Alfonso.

Alfonso era lindo, com lábios exuberantes e grandes olhos castanhos. Ele tinha um nariz retinho, bochechas perfeitas e uma covinha quando sorria. Ele era um pouco desleixado, com o cabelo oleoso, calças que pendiam de um cinto de couro e uma camisa que deixou à mostra suas costas quando ele se inclinou para me cumprimentar. Ele era educado, gentil nem um pouco seguro. Ele fazia com que eu me sentisse à vontade. Saímos para um bar local naquela noite, bebemos cerveja e depois fomos para um dos parques públicos de Sevilha. Enquanto Alicia e seu namorado se beijavam no banco ao nosso lado, Alfonso e eu tentávamos conversar, seu inglês era só um pouquinho melhor do que o meu espanhol.

Alfonso amava sua cidade e me contou tudo sobre ela. Sevilha fora uma capital muçulmana durante cem anos, ele me disse, o que explicava a arquitetura moura por todos os lugares. Então, Fernando III, rei católico do norte da Espanha, chegou e expulsou os muçulmanos. Ele próprio se mudou para Alcazar, o antigo palácio muçulmano. "Você tem de visitá-lo. É tão lindo." Alfonso segurou minha mão e saímos caminhando.

A Catedral de Santa Maria da Sede, em Sevilha, foi construída no lugar de uma antiga mesquita dos governantes muçulmanos, há muito expulsos. Ao lado da catedral fica a Giralda, a torre originalmente construída como minarete. Em vez de escadas, a torre tinha rampas, o que permitia aos crentes muçulmanos chegarem até o alto a cavalo.

Alfonso me contou o mote de sevilhano, "No me ha dejado", me explicando que isto significa que Sevilha nunca abandona seu povo.

"E eu nunca abandonarei Sevilha", prometeu ele, segurando ainda mais forte minha mão e olhando profundamente nos meus olhos. Eu estava encantada.

Nos seis dias seguintes, Alfonso e eu passamos todas as tardes e noites juntos. A Semana Santa, tradicionalmente uma semana em que os católicos fazem a última penitência antes da Páscoa, havia começado. Os dias eram marcados por longas procissões de homens usando mantos brancos com capuzes, caminhando atrás de cortejos carregando Nossas Senhoras de todas as cores. Os homens eram chamados de *nazarenos* e eles carregavam enormes cruzes de madeira nas costas para celebrar os sofrimentos de Jesus Cristo. Os espectadores torciam pelos homens e jogavam dinheiro, presentes e flores nos cortejos, seguindo a procissão com cantorias e lamentações.

Quando as procissões terminam, é hora de ir para os bares. Uma das bebidas prediletas da festa era a *postura*, uma mistura de gim e vinho branco. Eu gostava do gosto áspero da bebida, do modo como ela raspava minha garganta e depois descia, uma língua de fogo até minha barriga. Os bares ficavam cheios de gente e o cheiro de serragem do chão se misturava ao da fumaça de Ducados e Marlboros. Para uma menina do centro-oeste, isso era a vida tirada diretamente de *Carmem*, atualizada e com meu próprio e belo toureiro ao meu lado. Nós namorávamos nos cantinhos escuros dos bares cheios e nos alimentávamos com petiscos de camarão fresco, tortilhas de batata com bastante alho e enormes azeitonas verdes.

Certo dia, já no fim da semana, era a vez de Alfonso carregar uma pesada cruz de madeira pelas ruas de Sevilha. Não sabia qual homem encapuzado era ele, por isso simplesmente torcia para todos que passavam. No dia seguinte, Alfonso me levou para sua casa, para que eu conhecesse seus pais. Ele vivia numa enorme casa perto de uma tranquila praça com laranjeiras e pavimentação amarela. Nós nos sentamos numa sala com pé direito de mais de quatro metros e paredes forradas com papel de parede estampado. Retratos pesados e sombrios pendiam ao nosso redor e nos sentamos em cadeiras de madeira entalhadas exatamente como as que eu vira dez anos antes nas salas de mobília do Metropolitan Museum of Art. Os pais dele falavam bem inglês e me ofereceram refrigerante de laranja e biscoitos de amêndoa. De repente, a mãe de Alfonso se inclinou para olhar o pescoço do filho mais de perto. O mesmo pescoço que eu estava mordendo apaixonadamente há menos de oito horas.

– *Hijo*! Seu pescoço está todo marcado!

Eu me afundei entre as almofadas da minha poltrona do século XVIII.

– É de carregar a cruz, mama.

–Você é um bom menino –, disse a ele, recostando-se na poltrona e sorrindo.

Na manhã seguinte, fui atropelada por um carro. Estava atravessando a rua para voltar para casa depois de uma longa noite e não vi o carro se aproximando. Recusei-me a ver o acidente como um castigo pela mentira que contara para a mãe de Alfonso. Mesmo mais tarde, depois que o nervoso motorista me comprou um presente no hospital, uma versão iluminada de *La Giralda*, e ela estourou no meu rosto quando a coloquei na tomada, recusei-me a ver a mão de Deus em minha má situação. Tudo o que eu conseguia ver era Alfonso. Eu estava apaixonada.

No dia em que fui embora de Sevilha, o pai da família que me hospedou me desejou boa sorte com Alfonso e me aconselhou a ficar com ele. "Ele vem de uma antiga família sevilhana pelo lado do pai. E, pelo lado da mãe, há Franco."

Eu havia me apaixonado por um menino da família de Francisco Franco. Alfonso era todo amor nem um pouco guerreiro, mas a menção a Franco me fez tremer.

Não fui capaz de ficar com Alfonso – o tempo e a distância arruinaram essa possibilidade. Eu o vi novamente, três anos mais tarde, quando voltei para a Espanha no meu primeiro ano na faculdade. Ele vivia perto de Londres e eu o visitei. Ele me levou para comer em Tunbridge Wells. Alfonso ainda era o menino gentil que eu conhecera em Sevilha, com a mesma beleza de sempre e aquele seu modo desleixado. Eu não estava mais apaixonada, mas eu amei sua gentileza, assim como amei me lembrar de nossas caminhadas em meio às ruas cheias de Sevilha a noite toda, as taças de *postura* que compartilhamos e como ele falava da sua cidade enquanto segurava firmemente minha mão.

Apaixonei-me algumas vezes nos anos seguinte, achando que todos os homens eram o amor da minha vida. Como diz a personagem "a Vira-Casaca" em *The Pursuit of Love*, de Nancy Mitford: "As pessoas sempre pensam isso, o tempo todo". A Vira-Casaca sabe bem: ela abandonou seus filhos várias vezes em busca de novos amores. Casei-me com o último amor da minha vida e somos felizes. Agora, do nada, um homem para o qual eu escrevera várias poesias, por causa de quem cruzei o campus seis vezes numa noite só para ganhar mais um beijo de boa noite e no peito do qual escrevera o meu nome para manter as outras mulheres afastadas, queria voltar à minha vida. Eu tinha boas lembranças do nosso tempo juntos, mas... amor?

Em dezembro, eu havia lido *Crepúsculo* diante do clamor da filha de uma amiga, e achei o livro hilariante. Pensando agora no amor, via como Stephenie Meyers era boa ao retratar aquele primeiro arroubo de querer mais física e espiritualmente da outra pessoa. Bella, uma adolescente nova na escola, é solitária e está se sentindo pouco à vontade. Ela se vê estranhamente atraída por Edward, seu belo, sexy, bem-vestido e inteligente parceiro das aulas de laboratório. Ao descobrir que ele é um vampiro, o desejo dela não diminui. Ao contrário, ele cresce. Bella descreve seu "assoberbante desejo de tocar" seu amado vampiro e eu compreendi aquela sensação. Eu a sentira pela primeira vez em Sevilha, foi algo assustador e maravilhoso. Não há emoção como a do primeiro beijo. Meyers sabiamente mistura hormônios adolescentes (desejo sexual) com um fenômeno inexplicável (vampiros) e entrelaça esse desejo sexual com a eterna batalha entre o bem e o mal. O desejo é um monstro, mas um monstro que a jovem amante (deusa) aceitará e estimulará porque ela tem certeza de que o mal dentro do desejo pode ser contido. Alfonso não era mal, mas Andrew com certeza era e o desejo de contê-lo havia sido irresistível há vinte anos.

Talvez o amor seja justamente isso: a transformação do desejo em algo sólido e sustentável. A paixão que eu sentia por Jack era diferente do nosso primeiro beijo na noite de ano novo há vinte anos. Semanas depois daquele primeiro lampejo de desejo, Jack viajou a negócios. Eu não suportei ficar longe dele e me enfiei num voo para encontrá-lo em Utah. Assistimos a uma tempestade de raios sobre Salt Lake City e passamos o fim de semana no Snowed Inn, ao norte das colinas do Park City. Hoje em dia, nossa paixão se contenta mais em ficar em casa, manifestando-se por meio do afeto, proferido por meio de xícaras de café e qualquer tempo a sós que conseguimos das crianças, do trabalho dele e das minhas leituras. Ainda temos nossos momentos de *Crepúsculo*, mas, muito melhor, temos um amor que dura há mais de vinte anos.

Em *Family Happiness*, de Laurie Colwin, uma mulher com uma vida perfeita, incluindo marido, trabalho, filhos, muito dinheiro e tempo de folga, apaixona-se por outro homem. Seu marido e filhos não são o bastante para ela. Ela explica que o amor na família é "inteligente e profundo, mas nunca inquieto. Era a base de todas as coisas boas e não havia nada de secreto ou a esconder nele". Por outro lado, seu amor oculto, o desejo que ela sente pelo homem de fora da família é "irresponsável, não leva a nada, não produz nada e não faz bem a ninguém". Como *Family Happiness* é mais fantasia do que verdade, Polly mantém os dois amores em sua vida, o de desejo e paixão e o amor duradouro da família. Ninguém jamais descobre seu caso de amor, ninguém se machuca e apenas Polly sofre "uma vida de conflito e dor", um preço que ela considera muito justo.

No romance *O bom soldado*, de Ford Madox Ford, o amor recebe um tratamento duro. Dois casais, trapaceiros e carentes, manipulam o desejo como uma arma na batalha da vida. Quando o amor se manifesta, repentino e inesperado, ele é visto como uma fraqueza e também como uma ameaça que precisa ser eliminada pelos outros personagens por meio de atividades "perfeitamente normais, virtuosas e ligeiramente dolorosas". Pode-se aceitar o desejo, mas no livro de Ford o amor leva somente à loucura e ao suicídio.

Em *Alice Fantastic*, de Maggie Estep, se apaixonar é simples, necessário e básico. O que acontece depois do amor é mais complicado, com muito desejo, dependência e ciúme que se expressa contra os quais se luta e finalmente se aceita. Esse amor era algo que eu compreendia, o amor não como um campo de batalha e sim como uma série de saltos no desconhecido, com um ou outro tombo, raros ferimentos e uma alegria insuportável que compensa os tombos e ferimentos.

Alice Fantastic nos oferece todos os tipos de amores românticos, mas o que me manteve presa ao livro foi o retrato que Estep faz do amor entre duas irmãs, Alice e Eloise. As irmãs expressam diferenças interessantes e olhares opostos em todas as coisas, do trabalho ao amor. Quando descobrem que têm um namorado em comum (por meio de casos fortuitos vividos separadamente), elas só percebem as diferenças. Eloise se sente vulgar e com raiva, enquanto Alice se sente bem, embora ela jamais vá dormir com William novamente.

Ao encararem um segredo revelado sobre a mãe, as duas irmãs finalmente se unem: "As lágrimas vieram e Alice me abraçou e ficou abraçada comigo por muito, muito tempo. Éramos como criancinhas. Oceanos de diferenças se acalmaram". Os "oceanos de diferenças" entre as irmãs não eram nada comparados ao amor. A única coisa que elas têm em comum (além do namorado casual e do amor pelos cães) é a pessoa que mais amam, além da mãe, uma a outra.

Somente dentro da relação entre irmãos é que tal dicotomia existe. Eu amava minhas irmãs mesmo quando eu talvez não me relacionasse com elas na mesa da cantina ou numa festa. Eu tinha mais coisas em comum com meus pais do que me sentia à vontade admitindo, mas tinha pouca coisa em comum com Anne-Marie, a não ser por nosso amor pelos livros e pela beleza da arte. Natasha e eu temos interesses em maior sincronia, apesar de nenhuma de nós três termos amigos ou namorados em comum. Nós não conseguimos sequer concordar na comida, férias, casa ou plataforma política ideais. Quando comecei a ter filhos, nossas discordâncias se estenderam para os nomes, cortes de cabelo e de ir para a cama das crianças. Como Rilke escreve em seu poema "As Irmãs": "Veja como as mesmas possibilidades/se revelam em comportamentos opostos". Ainda assim, nós nos amávamos completamente, sem dúvidas. Estávamos presentes nos momentos mais importantes uma da outra e também nos menos importantes.

Anne-Marie foi a primeira pessoa da minha família a conhecer Jack. Sua aprovação entusiasmada ("Vocês dois são como gêmeos, perfeitos juntos!") atraiu todos, incluindo eu mesma. Ela estava ao meu lado durante as primeiras dores do parto de Peter. Andamos para cima e para baixo ao lado do rio Hudson, Anne-Marie mantendo o controle do tempo entre cada contração num pedaço de papel. Em cada aniversário seguinte, Peter ganhava um bolo feito em casa por ela. O melhor bolo foi um em forma de uma peça de Lego, com cobertura vermelha. Tenho um álbum de fotos de todos os bolos que ela fez ao longo dos anos. Em cada uma das fotos ela estava inclinada sobre Peter com um sorriso enorme e seu bolo confeitado oferecido com ambas as mãos.

A explicação mais simples e mesmo assim mais emocionalmente profunda do amor me veio por meio das palavras de um personagem no romance *Uma lição antes de morrer*, de Ernest J. Gaines. O romance conta a história de Grant, um jovem do Sul que, depois de estudar para se tornar professor, é levado a visitar Jefferson, um menino sentenciado à morte por um assassinato que testemunhou, mas não cometeu. A avó de Jefferson quer que Grant lhe ofereça um pouco de educação antes de morrer, para que ele possa morrer como um homem e não como um "porco", como seu próprio advogado de defesa o chama. Ela quer dar ao neto a dignidade de saber "que ele não atacou aquele homem branco, que suportou os últimos instantes caminhando de cabeça erguida".

Durante uma visita a prisão, Grant testemunhou Jefferson dizendo para a avó: "Isso não importa... Nada importa. Sua avó responde: "Importa para mim, Jefferson... Você importa para mim".

Você importa para mim. Lendo essas palavras, achei que meu coração explodiria. Eis o *xis* da questão em relação ao amor: uma pessoa importando para a outra, uma existência que é importante em meio a todas as outras vidas. Uma pessoa pode significar algo individual e especial. Não somos intercambiáveis. Somos únicos na maneira como somos amados.

O desejo por uma pessoa não é a mesma coisa do que ter uma apreciação e uma necessidade única por ela nem é o mesmo que afeto. O desejo aumenta e diminui e o afeto pode ser sentido sem compromisso a longo prazo. Mas "você importa para mim" significa que o fardo foi aceito e que até mesmo se está disposto a carregá-lo: eu o carregarei, abraçarei e aplaudirei daqui por diante. Dependência: estarei aqui para cuidar de você. E, quando você morrer, estarei aqui para lembrá-lo.

Alguns dias antes da repentina mensagem de Andrew pelo *Facebook*, recebi uma ligação de Jack. Os meninos estavam em casa e eu estava terminando de ler meu livro do dia: *The Age of Dreaming*, de Nina Revoyr.

– Encontre-me no consultório do médico. Estou com dores no peito.

Uma hora mais tarde eu o vi sendo levado numa maca, preso a monitores e a um tubo de oxigênio e Deus sabe mais o quê. Voltei para casa sem dizer nada aos meninos, somente que eu estava indo mais cedo para minha aula de ginástica e que Peter estava encarregado de pedir pizza e mandar todos para a cama na hora devida. Dei um beijo em todos e fui para o hospital.

O homem na recepção me mandou para a unidade coronariana com uma piscadela:

– Me avise se as coisas estiverem ruins.

Será que ele estava cantando uma viúva em potencial? Minha pele se arrepiou. Lágrimas, até então contidas, agora desciam pelo meu rosto.

Jack, como depois se revelou, ficaria bem. Eu não viraria uma viúva, azar do Romeu da recepção. Jack não havia sofrido um ataque cardíaco. Todos os exames mostraram atividade coronariana normal, bons níveis de oxigênio e ótima saúde. Passei a noite a seu lado, tranquilizando-me de que ele ficaria bem. Quando o médico entrou para a avaliação noturna, fiquei mais preocupada em sair para o estacionamento escuro e desolado do que fiquei com a saúde do meu marido. Teríamos mais anos juntos: ambos teríamos de ficar vivos. O médico me garantiu que o estacionamento era monitorado, mas ele estava disposto a me levar para o carro.

– Não, vou ficar só mais um pouco –, eu respondi e voltei a segurar a mão de Jack. O último amor da minha vida: eu estava me segurando aos muitos anos que passamos juntos.

O primeiro e último amor do meu pai foi minha mãe. Ele a conheceu numa aula noturna de filosofia na Universidade de Leuven. Ele havia começado a faculdade de Medicina, enquanto ela era aluna de Literatura. Enquanto o professor falava sobre São Tomás de Aquino, meu pai desenhava minha mãe em seu caderno. Ele ainda tem aquele desenho, o caderno guardado em segurança numa gaveta perto da sua cama. Minha mãe teve vários pretendentes antes do meu pai, mas nunca se apaixonou. Seu primeiro pedido de casamento foi feito pela mãe de um menino. Ele próprio era tímido demais para fazer o pedido. Quando minha mãe recusou, o menino entrou para a Legião Estrangeira. Pelo que sei, nenhum antigo namorado apareceu na vida da minha mãe depois que meus pais se mudaram para os Estados Unidos, se bem que a geração dela não tinha *Facebook* com o que se preocupar.

Não é o *Facebook* que faz com que antigos namorados se reencontrem em *A história do amor*, de Nicole Krauss. É a perseverança. O romance conta a história de Leo: ele "era um grande escritor. Ele se apaixonou. Esta é sua vida". Escrever e amar. Mas a guerra o separa do seu primeiro amor, Alma, e ela conhece outro homem, pensando que havia perdido Leo para sempre. Quando Leo reencontra Alma, anos mais tarde, o que ela pode fazer? Ela se apega às palavras que ele lhe escrevera – afinal, ele era um escritor – mas lhe diz para ir embora. Ele continua a amá-la, mas ela ama as lembranças que tem dele.

Amar as lembranças que eu tinha de Andrew não era a mesma coisa que amar Andrew. Com Alfonso eu tinha lembranças ainda melhores – ele nunca me rejeitou –, mas eu não o amava também. A verdade é que, por melhores que fossem as lembranças, esses caras simplesmente não estiveram lá para se comprometerem a longo prazo. Eu não compartilho milhares de situações com eles e não há nada de duradouro em meus sentimentos por eles, há muito desaparecidos. Eu tinha saudades daqueles sentimentos, mas não sentia mais nada. Tive minha resposta para a pergunta à espreita numa mensagem do *Facebook*: "Eu o amei, mas não o amo mais".

"Nada no mundo importa, exceto o Amor", um velho amigo diz à narradora de *The Provincial Lady in London*, de E. M. Delafield. A resposta dela? "Uma conta bancária, bons dentes e empregados adequados importam muito mais." Ri e sublinhei estas palavras. Mas daí, percebi como elas eram semelhantes às usadas pela avó de Jefferson em *Uma lição antes de morrer*: "Você importa para mim." Não é a emoção do amor, sozinha e independente, o que importa. As pessoas que eu amo é que mantêm meu mundo inabalado.

Claro que há várias coisinhas que importam na vida, como uma conta bancária e bons dentes, e muitas coisas que não importam, como o estado do meu cabelo ou os coelhinhos sujos perdidos sob cada cama na casa. Mas em meio a todas as coisas grandes e pequenas, são as pessoas que eu amo que mais importam.

Eu deveria avisá-los do quanto eles importam, o tempo todo, para mim. Palavras de amor nos mantêm aquecidos, até mesmo nos dias mais frios do inverno.

12

A VASTIDÃO DA EXPERIÊNCIA

Agora, que sofri para aprender alguma coisa sobre isso, o melhor foi perguntar a mim mesmo se eu realmente queria saber. Queria. Precisava saber, mas não estava feliz por saber.

Wendell Berry
Hannah Coulter

Na noite de 13 de fevereiro de 1945, meu pai viu chamas e fumaça em Dresden, a oito quilômetros de distância. Durante toda a noite e na alvorada do dia seguinte, ele observou sem acreditar no que via, seu estômago embrulhava enquanto a cidade era bombardeada. Ele podia sentir o cheiro da fumaça e sabia que havia mais do que prédios queimando. Ele estivera na estrada com milhares de refugiados que corriam do exército soviético que chegava. Enquanto ele continuava acampado num campo de refugiados, os outros continuavam a viagem até Dresden, a fim de se juntarem aos cidadãos de uma das mais belas cidades da Europa e a outros milhares de refugiados.

Quando o bombardeio terminou, Dresden estava destruída e a maioria de seus habitantes incinerados ou sufocados nos abrigos subterrâneos. Estima-se que o número de pessoas mortas nos dois dias de bombardeio esteja entre dezenas de milhares e centenas de milhares. Meu pai poderia ter sido uma dessas pessoas se ele não tivesse parado para descansar e dormir num campo. Meu pai poderia ter sido morto dois anos antes quando os rebeldes entraram na casa da sua família e mataram Serguei, Antonina e Boris. Ele sobreviveu à guerra, caso contrário eu não estaria lendo esses livros agora. Mas a vida, assim como a morte, impactou sua vida com as coisas que ele viu, sofreu e aprendeu.

Quando comecei a escrever sobre meu ano de leituras, um primo da Bélgica me enviou um livro intitulado *O atentado*, do escritor holandês Harry Mulisch. Durante vários meses o livro ficou na minha prateleira, relegado a um cantinho distante. "Mas é um ótimo livro", meu primo insistiu.

Ele não entendia que eu estava com medo da fotografia de capa do livro, que mostrava um corpo na rua e mais ainda do texto da quarta capa: "Um colaborador nazista, conhecido por sua crueldade, é assassinado... Os nazistas retaliam matando uma família de inocentes". Estava com medo de ler o livro, porque sabia que era sobre a guerra, a vingança e o ódio. Eu havia ouvido as histórias que meu pai contara e sabia o que havia acontecido durante a guerra. Será que eu queria mesmo ler sobre isso?

Mas em março finalmente fui até a estante e peguei o livro. Aquele era meu ano de experimentar tudo o que os grandes livros tinham para compartilhar comigo e meus medos não podiam atrapalhar.

Depois que comecei a ler *O atentado*, só me levantei três horas mais tarde. Contando uma história em torno de um acontecimento real, o romance narra o assassinato de um cruel policial holandês, nos últimos dias da ocupação nazista da Holanda, e como esse assassinato teve um impacto duradouro em todos os envolvidos: da família equivocadamente culpada pelo assassinato até os oficiais alemães, que reagiram com uma retaliação horrível contra os assassinos de verdade, até a família do policial assassinado.

No início do romance, um menino chamado Anton caminha ao lado de um canal, fascinado com as ondas causadas por um barco.

"Por toda a água, um intrincado ninho de ondas se cria e continua em transformação por vários minutos... Cada vez que Anton tentava entender exatamente como aquilo acontecia, mais o padrão das ondas ficava complexo, a ponto de ele ser incapaz de acompanhá-lo." À medida que me aprofundava na leitura, percebi que o "intrincado ninho de ondas" era uma premonição do que estava por acontecer, o assassinato do policial e o consequente assassinato de todos na família de Anton, exceto o menino. Ele passará o resto da vida tentando entender os eventos daquela noite de horror, lutando para compreender por que o oficial holandês foi morto, por que sua família fora escolhida para a vingança e onde, nesse quebra-cabeça de dor, as demais peças se encaixam.

Depois do término da guerra, Anton é adotado por parentes e volta para a escola, acaba por construir uma carreira e se apaixonar. Momentos felizes e até mesmo alegres surgem ao longo da sua vida e, quando ele tem um filho, lhe dá o nome do irmão morto, Peter. Mas Anton ainda busca a história completa daquela única noite, se perguntando por que ele sobreviveu, mas sua família não. A própria sobrevivência é um "intrincado ninho de ondas", sendo que as consequências da guerra são cicatrizes de perda e medo, raiva e encanto. Para Anton, as cicatrizes da guerra são seu inabalável pessimismo e as lembranças assombradas daquela noite horrível do lado de fora da sua casa: "O mundo é um inferno... Mesmo que tenhamos o paraíso amanhã, ele não poderia ser perfeito por causa de tudo o que aconteceu. As coisas jamais estarão certas novamente".

Quanto ao meu pai, as consequências da guerra o levaram para longe da sua terra natal e ele acabou por cruzar o oceano para começar do zero no novo mundo. Meus pais me contam que eu fui batizada em homenagem aos membros do corpo do balé Bolshoi, a maioria das quais chamadas Nina. Mas também sei que meu nome é outro efeito em onda da guerra, inspirado na irmã do meu pai, Antonina, assassinada naquela noite de 1943. Assim como Anton usa o nome do seu irmão morto para o filho, meu nome é uma lembrança de uma vida perdida, de uma irmã que foi tirada do meu pai.

No último capítulo de *O atentado,* Anton, agora um homem de meia-idade, se envolve em um protesto antinuclear. Os manifestantes marcham contra uma guerra no futuro, a guerra de destruição nuclear mútua. Anton, contudo, não está otimista e não acredita que a batalha nuclear possa ser evitada. Ele acredita que "no final, tudo é esquecido" e não usa aqui o termo "esquecido" como "perdoado", e sim como "nenhuma lição foi aprendida". Ele acredita que a guerra, em todo o seu horror, está fadada a se repetir vezes sem fim.

Lendo na minha poltrona roxa, me contraio diante da conclusão de Anton. Será que tudo é mesmo esquecido no final? Nenhuma lição jamais é aprendida? Voltei a pensar no primeiro livro que li sobre a guerra, *Across Five Aprils*, de Irene Hunt. *Across Five Aprils* conta a história da família Creighton, do sul de Illinois. A família fica dividida pela Guerra Civil quando um irmão se junta ao exército da união e o outro vai para o sul, para lutar com os confederados.

Li o livro em 1975, como parte das minhas leituras obrigatórias na escola. Nosso país estava saindo da Guerra do Vietnã, mas nosso professor foi incapaz de fazer a conexão entre o que estávamos lendo, com suas descrições das batalhas e ferimentos, famílias destruídas pela guerra e um país arruinado pelas divergências, e o que estávamos vivendo naquele momento. Como alunos da oitava série, nascidos em 1962, toda a nossa vida havia sido vivida sob a sombra da Guerra do Vietnã. Estávamos prontos para discutir as semelhanças entre o conflito da década de 1860 e os da década de 1960 e 1970. Teríamos aceitado a oportunidade de conversar sobre a guerra e compreendê-la – ou não. Em vez disso, nosso professor falou sobre *Across Five Aprils* como um romance histórico que expressava fatos que estávamos aprendendo na aula de Estudos Sociais, fatos que tínhamos de aprender para uma prova e que, depois, poderíamos esquecer.

Lembro-me de ir para a igreja num domingo no começo da década de 1970, alguns anos antes de ler *Across Five Aprils*. O padre fez um sermão condenando todos os protestos contra a Guerra do Vietnã. "Temos de dar apoio incondicional à guerra do nosso país, contra os comunistas e ateus. Eu lhes digo: América, ame-a ou deixe-a."

A meu lado, minha mãe ficou tensa, sua respiração de repente ríspida e áspera. Quando a missa terminou, ela saiu da igreja tremendo e acenando com os braços. Não me lembro de como ela começou a falar mal do padre, mas me lembro muito bem de estar ao seu lado na calçada fora da igreja, ouvindo os altos e baixos da sua voz, como ela se engasgava com as palavras e lágrimas. Segurei-me à sua saia e senti a força das suas convicções.

"A democracia depende da voz dos cidadãos, sejam eles a favor ou contra o governo! Deixar a América? Não, eu escolho tentar torná-la um país melhor. Um país que acabe com as guerras e não que as perpetue."

Senti a revolta dela ao ver que um homem de Deus enaltecia a guerra. Como disse certa vez Kurt Vonnegut, descrevendo suas próprias experiências na Segunda Guerra Mundial, "guerra é assassinato" e é melhor não nos esquecermos disso. O padre de São Atanásio havia esquecido. Minha mãe não nem meu pai. Nunca mais voltamos àquela igreja.

Eu geralmente me percebo, em jantares, discutindo o altruísmo do ser humano. Um destes jantares me vem à mente, uma refeição de lagosta ao lado de uma piscina em East Hampton numa noite quente de verão. Em uma mesa de oito pessoas, eu me descobri a única disposta a acreditar que os seres humanos são inerentemente solidários e produtivos. Olhei ao redor da mesa, para meus companheiros de jantar, todos produtos de famílias amorosas, com sólidas educações em escolas públicas e oportunidades francas de carreiras. Como era possível que eles não vissem a bondade da humanidade sobre a qual se baseavam todas as suas vidas? Dei início à refeição, admirando os amigos de longa data e as famílias prósperas (os bebês estavam a reboque) como prova dos grandes e pequenos feitos da bondade e do altruísmo de que os seres humanos são capazes. Mas uma das mulheres presentes usou aquela que é considerada a carta coringa em qualquer discussão sobre a bondade da humanidade:

– E quanto à guerra? Se somos tão bons, por que saímos por aí matando uns aos outros?

Não fui capaz de responder a Liza. Mas agora eu sei o que deveria ter lhe dito.

– Leia um livro – eu deveria ter dito. – Para descobrir por que vamos para a guerra. Para sentir o que é que nos leva à violência.

Não iríamos resolver a questão da bondade ou maldade inerente à humanidade sentados no deque numa noite de verão. Ou talvez, só talvez, se Liza levasse um livro para a cama e o lesse, o lesse de verdade, ela chegaria perto de compreender nossa própria essência oculta, ambições e desejos. E o impacto desses desejos nas nossas vidas, para o bem e para o mal.

O protagonista de *Hannah Coulter*, de Wendell Berry, se volta para os livros para entender a guerra. Seu primeiro marido vai para a Europa em 1942 e é morto. Hannah se casa novamente e seu segundo marido, Nathan, é convocado para lutar no Pacífico. Ele volta depois de lutar na batalha de Okinawa. Ele nunca fala com Hannah nem com ninguém sobre o que viu lá. Ao morrer, décadas mais tarde, Hannah se descobre com uma necessidade urgente de saber mais sobre a batalha e ela procura respostas em livros: "Precisava saber, mas não estava feliz por saber".

O que ela descobre lendo é que os horrores que seu marido viveu são fatos inevitáveis da guerra. A guerra é "uma tempestade humana de explosões, tremores e fogo, um desastre natural causado pelo homem, surgida ao longo do tempo com nossa ignorância e ódio, ambição e orgulho, egoísmo e amor tolo pelo poder... passando como um incêndio descontrolado pela terra tranquila e por pessoas". Hannah investiga as consequências da guerra não apenas para seu marido, mas também para ela mesma e para seus filhos. Ela precisa saber quais foram as experiências de guerra dele a fim de entender como ele se comportou mais tarde, tanto como marido quanto como pai. Ela acaba vendo que ele precisava do silêncio de sua terra natal, do conforto da família e do seu amor para manter o que ele aprendera na guerra contido: "Ele precisava saber que estava ali e que eu estava ali com ele, que ele havia voltado do mundo da guerra, novamente, para este mundo. Com essa segurança, ele dormiria novamente e eu também dormiria".

Os livros são a arma contra o lamento de Anton de que "no final, tudo é esquecido". Os livros permitem que experiências sejam revividas e que lições sejam aprendidas. A frustração de Anton ao observar as ondas criadas no canal pela embarcação e ao não ser capaz de "entender exatamente como aquilo acontecia" não é a minha frustração. Eu entendia as ondas e seus impactos porque *O atentado* investiga e expõe as ligações entre aquela horrível noite e todos os envolvidos. Depois de ler o livro, eu posso imaginar e nunca me esquecerei dos custos da guerra. Eu vivenciei o que Anton vivenciou e agora sempre me lembrarei dele.

Ao ler *O Atentado* e *Hannah Coulter*, vivenciei – em segurança, sim, mas ainda assim com suor e lágrimas – a guerra. Assim como em outros livros, como *Alice Fantastic* e *Family Happiness*, eu havia vivenciado o amor e a luxúria. A diferença era que eu havia evitado livros sobre a guerra, de ter uma experiência que fosse assustadora, aberrante e incômoda. E agora eu entendia justamente como era importante ler tais livros. Porque testemunhar todos os tipos de experiências humanas é importante para compreender o mundo, mas também para entender a si mesmo. Para definir o que era importante para mim, quem é importante e por quê.

Para Anton, a guerra era prova da violência inerente ao homem. Para Nathan, o marido de Hannah Coulter, essa prova era amenizada pelo que ele sabia da sua própria família e por seu próprio e tranquilo lugar no universo. Meu pai, como Anton, sofreu a perda da família durante um assassinato de guerra. Mas ele não abdicou da sua experiência de guerra usando um pessimismo inabalável quanto à natureza da humanidade. Ele era mais como Nathan, tanto por ter testemunhado a devastação da guerra como por se voltar para dentro depois do conflito, construindo uma vida centrada na família e trabalhando para protegê-la. Como Hannah descreve: "Nossa vida no nosso lugar foi uma bênção para ele, mas ele sempre via a vida como algo dentro de um círculo de fogo que talvez se fechasse ao seu redor".

Eu era, com minha mãe e irmãs, o escudo do meu pai contra o passado, um divisor entre ele e a dor que ele conhecia. E até mesmo mais do que uma proteção, éramos uma promessa de coisas melhores no futuro. Agora que Anne-Marie havia morrido, havia uma falha nesse escudo, uma abertura na divisória, um rompimento da promessa. Eu podia fechar o buraco, mas o golpe do conserto sempre estaria ali, um espaço áspero e irregular marcando a ausência da minha irmã. Quanto à promessa, eu estava fazendo o que podia para recuperá-la para todos na minha família. Eu estava lendo.

E, lendo, eu descobria o peso de viver numa parcela ilimitada e irregular de dor. A tragédia é distribuída injustamente, ao acaso. Qualquer promessa de tempos melhores no futuro é falsa. Mas sei que posso sobreviver a tempos ruins, lendo o pior que me acontece como um fardo, mas não como uma armadilha. Os livros espelham a vida – minha vida! E agora eu entendia que todas as coisas ruins e tristes que me acontecem e que aconteceram a todas as pessoas sobre as quais estava lendo são ao mesmo tempo o preço e a prova da resiliência.

O valor da experiência, real ou imaginada, está no fato de ela nos mostrar como viver – ou como *não* viver. Ao ler sobre diferentes personagens e as consequências de suas escolhas, eu estava me descobrindo transformada. Estava descobrindo maneiras novas e distintas de suportar as tristezas e alegrias da vida. Eu podia seguir o exemplo do meu pai e manter minha família próxima de mim ou podia me inspirar em Anton e me tornar uma pessoa amarga e sombria em relação à natureza do mundo. Escolhi seguir meu pai.

O atentado é sobre outras coisas além da guerra. *Hannah Coulter* é sobre outras coisas além da guerra. Esses dois livros – e todos os grandes livros que eu estava lendo – falavam sobre a complexidade e totalidade da vida humana. Sobre coisas que queremos esquecer e sobre aquelas que queremos mais e mais. Sobre como reagimos e como queríamos ter reagido. Livros são experiências, palavras do autor mostrando o consolo do amor e a sabedoria da memória. Alegria e lágrimas, prazer e dor: tudo isso se apoderava de mim enquanto eu lia na minha poltrona roxa. Eu nunca havia passado tanto tempo sentada e mesmo assim vivendo muito.

13

Atada ao mundo

Chorei de alegria quando todas as crianças começaram a brincar juntas em meio às espumas brilhantes das ondas que quebravam entre mundos naquele momento. Foi lindo, e esta é uma palavra que não precisaria explicar para as meninas da minha terra e que não preciso explicar a você, porque agora estamos todos falando a mesma língua.

Chris Cleave
Pequena abelha

Que coincidência fez com que eu me deparasse com *Pequena abelha*, de Chris Cleave, no meio do meu ano de leituras? Eu havia começado o ano com *A elegância do ouriço* e com ele aprendera minha primeira lição, encontrar a beleza e me apegar a ela por toda a vida. E agora, eu lia *Pequena abelha*, em que aprendi que há beleza no afeto das ligações ao acaso entre mim e o restante do mundo. Eu, que costumava me considerar uma estranha, me descobri como parte do mundo e não à parte dele.

Crescendo numa casa de imigrantes, acho que era natural me sentir como uma estranha em minha cidadezinha do centro-oeste. Mas a sensação persistiu na faculdade de Direito e até agora, como mãe em outra cidadezinha suburbana. Meus filhos não eram muito exibidos e eu não gostava de me filiar a clubes, e por isso me sentia deixada de fora dos encontros, bailes e festas que marcavam a vida de outras famílias. Quando minha irmã morreu, a sensação de distância aumentou. Todos me garantiram que eu me sentiria melhor em pouco tempo, que o luto era um processo pelo qual eu passaria. Como eles poderiam saber isso? Como eles poderiam saber disso a *meu* respeito? Eu me sentia como se ninguém realmente compreendesse o que eu estava vivendo.

Mas os livros estavam me mostrando que todo mundo sofre em momentos diferentes de suas vidas. E que sim, a verdade é que havia várias pessoas que sabiam exatamente o que eu estava vivendo. Agora, graças às leituras, descobria que o sofrimento e a alegria são experiências universais e que essas experiências são o que me conecta ao restante do mundo. Meus amigos poderiam ter me dito a mesma coisa, eu sei, mas com os amigos há sempre obstáculos, cantos ocultos e emoções escondidas. Nos livros, os personagens me são apresentados por fora e por dentro e, conhecendo-os, eu me conheço e aprendo mais sobre as pessoas de verdade que habitam meu mundo.

Pequena abelha conta a história de uma jovem (Abelhinha é seu apelido) que foge do seu país de origem, a Nigéria, e vai para a Inglaterra a fim de encontrar Andrew e Sarah, o casal que a salvara no passado. Mas Andrew se suicidou e Sarah está deprimida. Não apenas a morte do marido deixou Sarah se perguntando sobre o significado da sua própria vida como também seu filho insiste em se comportar de maneira bizarra, seu amante a irrita e seu trabalho como jornalista parece não ter sentido. Abelhinha tenta oferecer consolo e compreensão e, como resposta, Sarah se esforça para ajudar Abelhinha. A jovem testemunhara o estupro e a morte da irmã e a pilhagem e destruição da sua vila, e está tentando encontrar um lugar, externo e interno, onde se sinta segura. Seu passado a assombra por meio das lembranças e seu presente – vivendo clandestinamente e sem emprego – é instável.

Tanto Sarah quanto Abelhinha se sentem estranhas. Sarah vê todos ao seu redor como pessoas que vivem num nível diferente, um nível que ela não consegue alcançar nem entender. Abelhinha é uma estranha mesmo, uma refugiada clandestina e estrangeira rodeada por ingleses. Ela é ainda mais isolada pelo horror que teve de vivenciar.

No meu primeiro ano como advogada, no final da década de 1980, cuidei do caso de um imigrante que buscava refúgio nos Estados Unidos. Como Abelhinha, Kulwinder Singh tinha uma história horrível de tortura para contar. Preso pela polícia em Punjab, na Índia, Kulwinder foi considerado suspeito pelo assassinato de um membro de um grupo militante que buscava a independência do Estado Sikh. Ele ficou preso durante várias semanas e foi torturado muitas vezes, para depois ser solto sob ameaça. Ele juntou dinheiro para comprar uma passagem de avião e, com a benção da família, fugiu da Índia. Ao chegar ao aeroporto JFK, em Nova York, ele pediu asilo político e foi enviado para um centro de detenção em Manhattan. Na primeira vez que o encontrei, fiquei surpresa ao ver como ele era pequeno. O macacão alaranjado que lhe foi dado era muito largo e ele havia arregaçado as mangas e as barras das calças numa tentativa de caber dentro dele. Seu rosto, cansado e com a barba por fazer, era pequeno como o de uma criança. Nós nos sentamos juntos com um tradutor, um sikh de turbante que deixou claro seu desprezo pelos cabelos curtos de Kulwinder. O tradutor me explicou mais tarde, fungando, que os verdadeiros sikhs nunca cortavam os cabelos.

De cabelos longos ou curtos, o fato é que Kulwinder havia sofrido por conta de sua identidade cultural. Com palavras hesitantes e sua voz gentil e insegura, fiquei sabendo dos detalhes da sua prisão e tortura. Durante nosso tempo juntos, passado numa sala suja de visitação no centro de detenção, fui obrigada a estudar e registrar suas cicatrizes. As costas de suas mãos estavam marcadas com círculos descoloridos e inchados de pele queimada e nas suas palmas eu vira os círculos escuros de buracos feitos com cigarros. As marcas circulares se prolongavam para seus braços e, quando ele levantou as barras da calça, pude ver mais buracos escuros nas coxas.

Com o registro de suas cicatrizes e as palavras do seu depoimento, ganhamos o caso diante do juiz de imigração. Kulwinder recebeu asilo político. Ele agora vive tranquilamente e em segurança no Estado de Nova York. As cicatrizes do seu corpo foram o mais perto da tortura que jamais cheguei, mas nunca quis chegar tão perto assim.

Não acredito que exista algum tipo de grande carma, um espírito invisível ou uma corrente que me una a todos os outros seres humanos do planeta. Sei, por experiência própria, que pode ocorrer algo horrível e devastador sem que eu fique sabendo. Não senti o último suspiro da minha irmã no meu rosto para que eu soubesse que ela havia morrido. Não senti o chão tremer na mesma hora que um terremoto atinge algum lugar a milhares de quilômetros nem sinto uma angústia repentina quando, do outro lado do mundo, um genocídio é cometido. Não senti a dor que Kulwinder sentiu ao ser queimado com cigarros nas palmas das mãos.

Mas, mesmo com toda a minha ignorância, havia momentos na experiência humana que fui obrigada a sentir e a entender. Isso foi feito graças ao poder da leitura. Como os livros fazem essa mágica? Como os escritores criam esta união tão firme entre leitores e personagens a ponto de os leitores se transformarem nos personagens ao longo da leitura? Até mesmo quando – e principalmente quando – os personagens e as tramas são tão diferentes de nossas vidas?

Reconhecendo o que é universal. Abelhinha diz a Sarah, certa manhã, ao saírem de casa para comprar leite: "Estamos todos tentando ser felizes neste mundo. Sou feliz porque não acho que os homens virão me matar hoje. Você é feliz porque pode fazer suas próprias escolhas". Abelhinha e Sarah se veem nas esperanças uma da outra e querem se ajudar a concretizar tais esperanças. Eu me via nos dois personagens. Eu via essas pessoas à margem da sociedade tentando encontrar respostas. Não eram as semelhanças históricas ou físicas que importavam. Era nosso desejo comum, compartilhado na alma.

Depois da guerra, meu pai virou uma "pessoa deslocada", um refugiado sem passaporte ou país. Depois de viver num campo de refugiados e mais tarde como operário numa base do exército norte-americano, ele foi morar com um casal alemão. O casal havia perdido todos os filhos – três meninos – na guerra. Eles foram muito bons com meu pai, alimentando-o com qualquer comida que conseguissem para fazê-lo engordar um pouco e o convidando a se sentar com eles à noite como um membro da família. O que o meu pai tinha em comum com o casal era um desejo de encontrar paz e segurança. Juntos, os três tentavam reconstruir a normalidade depois dos horrores da guerra.

O pai de Jack ficou sitiado numa ilha filipina depois da guerra. Ele conheceu norte-americanos que estavam encarregados de cuidar da prisão de soldados japoneses considerados culpados de crimes de guerra e condenados à morte. De algum modo, os norte-americanos descobriram que muitos prisioneiros japoneses eram artistas talentosos. Os norte-americanos mostravam aos prisioneiros fotografias das pessoas amadas que ficaram nos Estados Unidos e pediam que os homens pintassem retratos a partir das fotos. Em troca, os norte-americanos davam aos prisioneiros cigarros e outros luxos para facilitar a vida em seus últimos dias. Para os norte-americanos, a troca os aproximava de suas famílias em casa. Para os japoneses, a troca lhes dava o reconhecimento como seres humanos talentosos e generosos, não como apenas animais envolvidos nas atrocidades da guerra. A história me lembra de uma frase em *Hannah Coulter*, na qual, mesmo no pior momento da batalha de Okinawa, havia "uma enorme piedade que parecia se acumular no ar".

No começo de abril, li *Ruins*, de Achy Obejas, a história de um cubano pobre com cerca de cinquenta anos. Usnavy trabalha o dia todo numa mercearia, aceitando cartões de racionamento das pessoas que fazem fila por bens de consumo: "Sabonete é raro, café é raro; ninguém se lembra da última vez que havia carne". Ele mora num cômodo com a esposa e a filha, um cômodo sem janelas onde o chão está sempre úmido por causa de vazamentos. O banheiro comum do prédio está sempre cheio de moscas e todo o edifício está à beira do desabamento. Todos os dias, Usnavy ouve mais e mais histórias de cubanos se lançando ao mar, fugindo para os Estados Unidos em busca de comida melhor, habitação melhor e um futuro melhor. Amigos de Usnavy constroem uma balsa, mas ele não abandona Cuba.

Era difícil imaginar uma pessoa tão diferente de mim quanto Usnavy, mas mesmo assim eu me identificava com ele. Eu me solidarizava e sofria por ele. No fim, me descobri torcendo fervorosamente para que seu último desejo se realizasse, para que ele "morresse velho e feliz... sobre um tapete macio numa noite imaculada antilhana". Obejas fez com que eu sentisse que Usnavy fosse parte de mim mesma porque ela descobriu o que tínhamos em comum: amor, esperança e fé. Ele ama sua família, eu amo a minha. Ele tem esperança para seu futuro, assim como eu tenho para o meu. Ele tem fé na revolução de Castro, eu tenho fé no poder dos livros. O foco da nossa fé é diferente, mas o apoio que nossa fé dá para nossa vida não.

Marcus, o protagonista de *Indignação*, de Philip Roth, é outro personagem com o qual eu tenho pouca coisa em comum. Ele é um menino judeu de Newark vivendo na faculdade na década de 1950. Ainda assim, somos parecidos na maneira como amamos nossos pais e na esperança que temos em relação ao nosso futuro. Marcus, como eu, sente o peso da confiança que os outros depositam nele. Depois que Anne-Marie morreu, quis garantir aos meus pais e aos meus filhos que eu ficaria saudável. Queria que Jack se sentisse seguro e tranquilo no nosso casamento e que Natasha me ligasse sempre que precisasse de mim. Por vontade própria, assumi a responsabilidade de tentar amenizar a dor e o medo sentidos pelas pessoas ao meu redor.

Mas Marcus começa a se sentir pressionado pelas ambições que seus pais têm por ele e pelo que seus amigos querem dele. O dever de filho, os ritos religiosos, as convenções sociais, as regras da faculdade, as exigências sexuais de seus amigos estudantes: ele não consegue corresponder a tudo o que se espera dele, mas quer muito. Por fim, ele se rebela contra a pressão, mas sua rebeldia é sua ruína. Depois de ter cumprido as regras por tanto tempo, a única vez em que ele rompe com as expectativas resulta no pior. Ele aprende que "as escolhas mais banais, casuais e até mesmo cômicas provocam um resultado desproporcional". Chorei diante da verdade dessa afirmação – a vida é tão injusta – e de suas consequências para Marcus.

Terminei de ler *Indignação* sentada ao lado de vários arbustos de sino-dourado totalmente em flor. Os arbustos se enfileiram nos fundos do nosso jardim, onde antes costumava ter uma confusão de folhas mortas e arbustos, o limite da propriedade era demarcado com hera e trepadeiras orientais crescendo sobre pereiras deformadas e ervas daninhas do tamanho de arbustos.

Na primeira primavera depois que nos mudamos, passei várias semanas retirando as folhas, as ervas daninhas e limpando uma parte dos arbustos e trepadeiras. Aparei as pereiras e joguei as garrafas, guimbas de cigarro e latas que encontrei espalhadas no meio da vegetação na lata de lixo. Retirei pedras do tamanho de capacetes de futebol americano e as usei para demarcar espaços para os arbustos e flores. Nos buracos deixados pelas pedras, plantei mudinhas de sinos-dourados compradas bem barato do floricultor local. Plantei corações-de-maria e narcisos. Meus braços ficaram marcados pelo veneno da hera. Meus joelhos ficaram acinzentados por causa da terra, por mais que eu os esfregasse, e os músculos das minhas costas doíam à noite, na cama.

À medida que a primavera esquentou e chegou o verão, os sinos-dourados ficaram verdes e cresceram fartos e altos. As pereiras ainda estavam deformadas, mas seus galhos cresciam cheios de folhas. A cada primavera, desde aquele ano, os narcisos e os corações-de-maria florescem novamente, a cada ano mais exuberantes, e as pereiras espumavam com flores brancas. Os arbustos de sinos-dourados florescem amarelos, mais cintilantes e maiores a cada ano. Eu raramente podava os galhos. Adoro o modo como os galhos amarelos se espalham desordenadamente em busca de luz e como balançam ao vento. É como se os arbustos estivessem dançando em meio ao gramado verde de primavera.

Ler um livro por dia durante este ano estava limpando minha mente do mesmo jeito que meu trabalho limpou a bagunça no jardim. Eu estava em meio a uma confusão de dor e medo. Minhas leituras, às vezes doloridas e em geral exaustivas, estavam me tirando das sombras e me levando para a luz. E eu não sou a única que está se livrando das ervas daninhas e da hera ou que está plantando belas flores perenes de esperança. O mundo está cheio de gente assim, que escava e limpa, trabalhando para o dia em que as flores voltarão como se deve, florescendo ano após ano.

Ao fim de *Pequena abelha*, Sarah e Abelhinha estão numa praia nigeriana. Abelhinha dorme sob o sol. Ela sonha: "Viajei pelo meu país e ouvi todos os tipos de histórias. Nem todas eram tristes. Havia várias histórias bonitas. Havia horror, sim, mas também havia alegria. Os sonhos do meu país não são diferentes dos sonhos do seu país – eles são tão grandes quanto o coração humano".

Sim, o coração de Abelhinha era do mesmo tamanho que o de Sarah. Assim como o meu coração é do mesmo tamanho que o de Kulwinder Singh e o coração do meu pai era do mesmo tamanho que o coração do casal em Regensburg, que perdeu seus filhos na guerra. Os corações dos soldados japoneses na ilha de Tusan eram tão grandes quanto os de seus captores. Estou conectada ao restante da humanidade, não por meio de um carma gigantesco e sim por meio de nossas experiências diferentes e nossas emoções comuns. Por meio do tamanho dos nossos corações.

Ler estava me fazendo ver que minha própria perda e confusão eram iguais às de outras pessoas ao redor do mundo que lutavam para entender o inesperado, o temido e o inevitável. Como viver? Solidariamente. Porque compartilhando o fardo do medo, da confusão, da solidão e da tristeza eu podia compreender meu próprio fardo. O peso já está mais leve. Meus desejos estão renascendo e minhas necessidades criando raízes. Estou num jardim livre de ervas daninhas e arbustos e não estou sozinha. Há vários de nós por aí, livrando-se das ervas daninhas e prontos para se banhar ao sol.

14

Sexo pelos livros

Depois de doze anos de casamento, Laura se tornara completamente cansada do entusiasmo dele. Ela percebera que se desse a mão, ele queria o braço, e mesmo que você estivesse ocasionalmente disponível, ele presumia que o tapete de boas-vindas estava sempre estendido.

Jane Hamilton
Laura Rider's Masterpiece

Se o desejo era apenas um impulso para perpetuar a espécie, a manifestação disso teria terminado depois que meus filhos nasceram. O fato de o desejo sobreviver à dura experiência física de ter filhos deixa claro que ele é mais do que apenas uma necessidade biológica. Com seis pessoas para alimentar e sustentar, quatro crianças para cuidar, uma casa para manter relativamente limpa e um livro para ler e sobre o qual escrever por dia, eu estava sem tempo e energia. O sexo não deveria nem fazer parte do meu vocabulário, mas faz. De onde vinha o desejo?

No começo do meu ano de leituras, li *A Celibate Season*, de Carol Shields e Blanche Howard. No romance, um casal com dois filhos adolescentes passa dez meses separado por causa da carreira da esposa. Jocelyn e Charles têm o Canadá inteiro entre eles e, com as finanças apertadas (e ainda nos primórdios do *e-mail*), eles decidem se comunicar apenas por cartas. Eles não têm dúvida de que podem manter a ligação amorosa somente por meio das palavras.

Mas à medida que os meses de separação passam, eles descobrem que a relação não pode ser mantida apenas com as cartas. Nem mesmo um telefonema aqui e ali é o bastante. A dor e a solidão da separação, combinadas com o desejo de ter companhia, faz com que dois cometam adultério. Não foi a falência do amor que fez com que ambos se jogassem nos braços de outras pessoas, foi a falência de contato. Jocelyn viajou sem Charles e a natureza abomina o vazio. Outro corpo precisa preencher o espaço vazio deixado pelo parceiro ausente.

Em *The English Major*, Jim Harrison também faz com que seu personagem viaje sozinho. Cliff é ex-fazendeiro de sessenta anos e professor da escola secundária cuja esposa, Vivian, o abandonou por outro homem. Ele decide visitar todos os Estados com os quais sonhava quando criança, mas que nunca viu. Ele dá inicio à viagem com um plano cuidadoso de uma rota específica para seguir e coisas para fazer pelo caminho. Seu plano é arruinado pelo surgimento inesperado de Marybelle, uma ex-aluna. Marybelle pega carona com Cliff e se torna não apenas uma passageira em sua viagem para o oeste, mas também uma instigadora do sexo selvagem e de paradas não planejadas.

Cliff pensa muito em sexo. Por que os homens querem sexo, por que as mulheres querem e por que o desejo surge, desaparece e ressurge. Cliff descobre que o desejo pode nascer de algo tão simples quanto um sorriso. Às vezes, o "membro" se mexe apenas porque uma garçonete bunduda sorri de alegria ("não são muitas as mulheres que sorriem") ou por causa da lembrança de uma babá de biquíni que se virou para escapar de um assento quente no carro. "Trinta anos mais tarde, a bunda dela ainda lateja quente nos meus neurônios."

Eu entendia aquilo. A lembrança de uma mão deslizando pela minha coxa sob a mesa de um bar da faculdade basta para dar início a uma sucessão de calafrios pela minha espinha. É o poder da memória – memórias táteis de desejo contido – que dá força às descrições de sedução que li num livro. Mesmo quando não há lembrança, novas sensações de desejo podem ser sentidas apenas com as palavras. Houve um tempo, há alguns anos, em que eu pensava em criar um *website* sobre histórias "para entrar no clima", para todas as mulheres que eu conhecia e que me diziam que o ardor por seus companheiros estava desaparecendo.

– Eu o amo –, uma amiga me disse. – Mas não o quero mais.

Eu abandonei a ideia de escrever para excitar os outros porque já havia escritores que escreviam muito bem sobre sexo. Em vez disso, eu dizia às minhas amigas para beberem uma taça de vinho, lerem uma história quente de amor de um bom livro e depois se agarrarem ao amado.

– Leia *The Sailor from Gibraltar*, de Marguerite Duras ou *Delta de Vênus*, de Anaïs Nin –, sugeria. – Ou ainda *How Stella Got Her Groove Back*, de Terry McMillan.

Stella tem que viajar para a Jamaica e lá encontra um jovem para recuperar o desejo, mas para aquelas que não têm dinheiro, os livros bastam para que se recupere a vontade. Mês passado, eu li *Waiting in Vain*, de Colin Channer. Havia várias e longas – e criativas – cenas de amor no livro. O bastante para inspirar a renovação da devoção física nas mais desgastadas das relações.

Um livro assim serviria muito bem para Laura Rider, a protagonista de *Laura Rider's Masterpiece*, de Jane Hamilton. Para Laura, o sexo no casamento tem prazo de validade. Quando passa a data, o desejo desaparece para sempre. Ela adora seu marido, mas "assim como um cavalo é capaz de saltar limitadas vezes, Laura já esgotou sua quota". Laura tira o "tapete de boas-vindas" da porta e avisa ao marido que o sexo não é mais uma opção para eles. O único problema da declaração de Laura quanto ao seu desejo finito é que seu marido ainda não esgotou sua quota. Ele ainda quer sexo, quer que o sexo faça parte do amor e se apaixona – e vai para a cama – com outra mulher. A vida deles se transforma num caos e as pessoas se magoam.

Em *The English Major*, Cliff nunca se cansa do sexo, mas acaba entendendo que "ao fazer mais sexo do que o suficiente, você percebe que isso não é tudo nem o fim da existência humana". O sexo é apenas um dos laços que mantém o casamento e é um laço bem gostoso. Cliff e sua esposa voltam a ficar juntos no fim do romance, envoltos na história que têm em comum, na sensação de estarem à vontade um com o outro e na exasperação do desejo mútuo. Como o próprio Cliff explica, o amor, a amizade e um acúmulo dos anos que passaram juntos contam muito. Mas o sexo é uma coisa a se levar em conta também.

Nunca conversei sobre sexo com meus pais ou irmãs nem quando adolescente nem mais tarde, já mulher. Quando estava na escola secundária, ouvia minhas amigas que me davam dicas e informações, mas nada do que elas diziam me parecia certo. Descobri o que precisava saber nos livros. Eu lia as coisas quentes e úmidas, todos os seios protuberantes, mamilos eriçados e membros longos, mas em geral o texto era tão ruim que eu duvidava que pudesse confiar nas imagens. Eu li *Medo de voar*, de Erica Jong, e ri ao longo de todo o livro, mas não estava interessada em ter sexo livre e solto.

Entrei numa orgia de Graham Greene na escola, lendo *A Burnt-Out Case*, *O cerne da questão*, *Fim de caso* e *O poder e a glória*. Quando acompanhado do amor, o sexo no mundo de Greene é um presente de Deus subordinado a um amor maior, o amor por Deus. O sexo sem amor é uma perversão do objetivo do sexo (criar vida). Certo, sexo sem amor, eu entendia a equação e gostava dela. Mas quando fui para a faculdade, não apliquei a equação direito. Quando o sexo aconteceu pela primeira vez, fingi amar para me livrar da culpa por ter feito sexo sem amor. O amor fingido introduziu o melodrama na minha vida, marcado por alterações de humor, bebedeiras e cenas feias a cada rompimento.

O livro que me salvou na faculdade, muitas e repetidas vezes, foi *A filha de Burger*, de Nadine Gordimer. O romance propicia muita coisa para se copiar na personagem-título, Rosa Burger. Rosa luta para se definir e definir seu futuro, depois da morte do pai, um importante ativista antiapartheid. Ela foge da notoriedade e do peso do dever herdado por ser filha de um homem famoso e influente. Rosa se sente tentada a se afastar da vida socialmente responsável e politicamente comprometida na qual cresceu e buscar uma existência tranquila e sem sobressaltos.

Em determinado momento do romance, Rosa viaja para o sul da França para visitar a primeira esposa do pai. Lá, ela começa um namoro. Ela se apaixona. Mas é mais a tranquilidade da relação, sua privacidade e seu anonimato que a seduz do que exatamente o homem. Não há nada de elevado ou de inspirador no amor deles, apenas normalidade e paz. Rosa encontra consolo fazendo parte de um casal em meio a incontáveis casais: "Fora do quarto, as pessoas comiam conversando baixinho, rindo e em meio a cheiros de comidas feitas do mesmo jeito há tanto tempo que o cheiro delas era o hálito das casas de pedra. Em outros quartos, outras pessoas também estavam fazendo amor".

Rosa pensa em se fixar no sul da França e abandonar a África do Sul para sempre, deixando-a no passado: "É possível viver no âmbito de uma pessoa e não de um país". Mas seu passado não a deixará descansar numa vida reclusa de saciedade e conforto. Ela se sente ligada à África do Sul e volta para o país de sua juventude a fim de cumprir uma promessa há muito feita para o pai.

Rosa se tornou um personagem-guia para mim e influenciou muitas das minhas reflexões sobre meus objetivos de vida e sonhos. O modo como ela entende o amor e o sexo, isto é, como um lugar de tranquilidade e alegria contida, ressoou profundamente, servindo como um belo exemplo para meus próprios casos de amor dolorosos e explosivos. Fui mais devagar, deixando que o amor viesse até mim e, mais ou menos (era um aprendizado demorado), contendo o desejo dentro de relações de afeto e gentileza. Nem sempre fui uma namorada fiel, mas, quando traía, não era porque meu desejo superava meu bom-senso. Era porque o amor havia acabado e eu tinha medo de terminar a relação.

Beijei Jack pela primeira vez no Ano Novo de 1988. Ele tinha sido um bom amigo há meses e nós dois passávamos juntos várias horas no escritório de advocacia onde trabalhávamos. Estávamos os dois no escritório no último dia do ano e eu o convidei a sair, para uma festa numa mansão com vista para o rio Hudson. Era uma festa de gala. Por brincadeira, dei a Jack uma gravata-borboleta de bolhinhas azuis e vermelhas. À meia-noite, ele tirou a gravata ridícula e depois me segurou com ambos os braços, me puxando para um beijo demorado. No caminho de volta até Manhattan, ele tentou abrir os sessenta botões das costas do meu vestido preto de veludo, mas só conseguira abrir dez – pouco abaixo da minha clavícula – quando o táxi chegou a seu apartamento. Um mês mais tarde estávamos juntos em Utah, hibernando na suíte nupcial do Snowed Inn. Era o único quarto disponível e entendemos isso como uma benção ao nosso desejo. Sexo com amor: a equação perfeita.

Talvez, um dia, eu me pegue refletindo sobre como seria com outra pessoa. Afinal, esta é a natureza humana: se sentir atraído pelo oposto do que você tem à mão. Como Antonya Nelson nota no conto "Palisades", da coletânea *Female Trouble*: "Você queria estar sentada numa confortável poltrona de couro bebendo vinho tinto e lendo uma passagem de ótima prosa para seu companheiro inteligente, para o deleite de ambos, e queria fazer sexo avassalador num quarto confortável com um jovem maravilhoso... Você queria algo sólido, você queria algo fluido". Mas refletir não é desejar e meu desejo não estava diminuindo. O que mantém um casal junto é mais do que apenas desejo, é a confabulação dos dois, a conversa que se prolonga por anos, às vezes, com palavras e, às vezes, apenas com carinho.

Por fim, é o reconhecimento de anos de experiências mútuas – como pais, amigos e marido e mulher – o que reúne Cliff e Vivian em *The English Major*. Eles são felizes com seu próprio espaço e interesses, mas reconhecem seus laços de desejo e de história em comum. Jocelyn e Charles, de *A Celibate Season*, também passam pela crise mais ou menos intactos. Eles ficam juntos novamente, tanto física quanto mentalmente, unidos por "todas as pequenas tramas de preocupações e necessidade" do passado em comum. Eles nunca perdem o desejo um pelo outro. É mais como se ele estivesse perdido, mas eles o reencontram.

De onde vem o desejo? Nos livros que estava lendo, vinha de vários pontos de estímulo, tanto físicos quanto mentais. As palavras estimulavam o desejo, assim como, é claro, a mão no seio. Mas como prolongar o desejo?

O desejo vem do amor entre duas pessoas e também contribui para os laços entre eles. O desejo vai e vem e eu entendia a sensação de Laura Rider de que sua quota havia se esgotado. Havia momentos em que eu preferia ler um livro a ir para a cama e eu com certeza prefiro ler um livro a fazer sexo todos os dias durante um ano. Mas também sei – e os livros que lia provavam que tinha razão – que o sexo fortalecia a união entre mim e meu marido, acrescentando força, flexibilidade e longevidade a uma relação que se baseava em muitas outras coisas além da necessidade física.

Jack e eu estamos juntos porque nos amamos e porque transformamos nosso amor num lugar dentro do mundo onde nos sentimos seguros – ou tão seguros quanto podemos. Depois de perder Anne-Marie, eu sei qual o limite da segurança, mas quero me manter o mais presa possível dentro destes limites de amor e carinho. Tapete de boas-vindas do lado de fora da porta, uma bandeira contra o perigo e um farol para a vida.

15

O HOMEM NOS MEUS SONHOS

Eis aqui o velho debate... "A morte é doce, livre-nos do medo da morte". Não é um consolo? Não, é um sofisma. Ou melhor, uma prova de que será preciso mais do que lógica e argumento racional para derrotar a morte e seus horrores.

Julian Barnes
Nada a temer

No fim de maio, a alameda arborizada ao norte do jardim do Conservatório do Central Park, em Nova York, fica oculta na sombra por galhos entrelaçados cheios de folhas verdes. O caminho de pedra entre os bancos fica cheio de flores de macieiras da primavera e a hera que delimita é espessa, subindo pelos troncos das árvores como mãos desesperadas por resgate. Sob a terceira árvore, à direita, o banco dedicado a Anne-Marie espera, inscrito com o nome dela e com as palavras que ela dizia para Marvin quando, juntos, eles passeavam pela alameda entre as árvores: "Quem pode se desesperar quando há beleza assim no mundo?".

Minha família se encontra todos os anos no aniversário da morte dela neste banco do parque. Este ano a data caiu na terça-feira. Era um belo dia, quente e ensolarado. No trem a caminho de Nova

York, li contos de George Saunders reunidos no livro *Pastoralia*. Os personagens de Saunders se sentem torturados pelo modo como suas vidas não são bem-sucedidas. Eles são injustamente desprezados, espectadores hesitantes e membros da família com os quais ninguém se importa. Mas os personagens de Saunders pairam certos de que, em algum momento, a vida terá um rumo. Eles sentem um otimismo sem garantias e admirável. Um dos personagens de "Sea Oak" morre antes de conseguir a recompensa que está tão certa por merecer. E assim, ela volta dos mortos como um cadáver em decomposição para reclamar o que lhe pertence. Ela está enlouquecida e não vai mais tolerar nada: "Algumas pessoas ficam com tudo e eu fico com nada. Por quê? Por que isso aconteceu?" Ela pode estar morta, mas ainda está se debatendo. Ficção ou possibilidade?

Sempre tive esperanças em relação a possibilidade de algum tipo de existência depois da morte. Quando li o título do livro de memórias de Julian Barnes, sobre sua própria luta contra a morte, *Nada a temer*, ele fez sentido para mim como uma declaração verdadeira de medo. Desde a infância, é o *nada* que se sucede à morte o que me apavora. Quando completei doze anos, tive um sonho tão vívido que ainda me lembro de todos os detalhes. Estou em casa, de pé na varanda que existe entre nossa garagem escura e o estúdio cheio de livros. Um homem está perto das prateleiras diante da mesa de xadrez do meu pai. Ele está no lugar onde há uma poltrona com armação de madeira em forma de domo e com almofadas verdes, mas que agora, por algum motivo, não está lá. Ele me olha com raiva e sua boca é uma linha fina de ódio. Ele se aproxima de mim. Segurando com uma das mãos uma arma contra minha cabeça, ele me segura com a outra, impedindo-me de fugir. Sinto a arma contra a lateral da minha cabeça e sei que morrerei. Um vazio escuro e eterno, um fim de todos os pensamentos. Atrás dele estão todos os livros que jamais lerei, diante de mim, o vazio para sempre.

Barnes lida com seu próprio medo do vazio se tornando um agnóstico conturbado: "Não acredito em Deus, mas sinto falta dele". Ele se pergunta se sua transformação, de ateu até possível crédulo, se deve à idade (quanto mais próxima a morte, mais agradável parece a vida depois da morte) ou ao intelecto. Ele não encontra prova da vida após a morte, mas tampouco é capaz de encontrar prova contrária.

Adorei a história de Barnes sobre um ateu chegando às portas do céu depois de morrer e ficando irritado com tudo o que via: "Vi a Fúria do Ateu Ressurreto". Eu também ficaria furiosa ao encontrar portões perolados, nuvens sem fim e os rostos de amigos e familiares que morreram há vários anos. Sei que ficaria enlouquecidamente aliviada e teria vertigens de alegria. Posso aceitar o argumento de que existam várias dimensões que não somos capazes de compreender e que os espíritos dos mortos podem pairar sobre tais dimensões, surgindo como lembranças ou naquela sensação de *déjà-vu* que todos conhecemos bem. Sei que minha irmã aparece para mim em meus sonhos. Só gostaria que ela viesse como uma aparição perfeitamente reconhecível. Eu não gritaria, prometo. Eu a abraçaria, porções insignificantes de ar ou não, e a seguraria.

Natasha me encontrou na estação de trem perto do relógio da Grand Central.

– Você sente como se Anne-Marie ainda estivesse por perto? –, perguntei-lhe.

– Sim, claro –, respondeu ela rapidamente, e depois se fez um silêncio durante algum tempo, antes de continuar: – Sei que ela está aqui quando conversamos sobre ela.

Caminhamos até o jardim do conservatório no Central Park, entrando pelo portão de ferro na Rua 105. Viramos à direita e entramos na alameda norte de macieiras, já quase sem flores, e encontramos nossos pais lá, sentados no banco de Anne-Marie.

Rosas vermelhas foram presas ao banco e nós acrescentamos nossas próprias rosas brancas e um ramo grosso de alecrim preso por um laço azul cintilante. Alecrim significava lembrança.

– Você se lembra de quando todos viemos aqui logo depois que Peter completou um ano?

– Peter em suas pequenas calças xadrez e jaqueta. Ele corria por todo o jardim e Anne-Marie o seguia por todos os lugares.

Há uma fotografia de nós naquele dia, as três irmãs. Estávamos sentadas num banco como este, mais ao sul da alameda arborizada. Na foto, sorríamos e nos abraçávamos com segurança umas nas outras, como se tivéssemos todo o tempo do mundo para conversar, rir e nos abraçar. Agora, eu peço a alguém que passa para que tire uma foto. Ele concorda, sorrindo, e a tira. Restam duas irmãs, a mãe e o pai. Rosas vermelhas e brancas, o galho verde-escuro de alecrim, um laço azul: as cores nos emolduram contra a escuridão do banco.

Será que Anne-Marie estava ali conosco? Será que ela podia estar? No ano seguinte à sua morte, eu vinha até este banco sozinha durante o outono para me sentar. Olhava para ver um guaxinim no alto, tranquilo e seguro. O guaxinim era muito real ou era uma manifestação de Anne-Marie, o espírito dela me dando conselhos. Quando visitei o banco novamente, alguns meses mais tarde, desta vez com uma amiga, sentei e chorei. De repente um galho enorme caiu de algum lugar e me atingiu bem na cabeça. Olhei para minha amiga.

–Você viu isso? Anne-Marie me bateu! Ela está me dizendo para parar de chorar.

Minha amiga fez que sim, seus olhos arregalados. Parei de chorar.

Olho para cima agora, no quarto aniversário de sua morte, para ver folhas verdes filtrando o sol e as últimas flores de um rosa desbotado contra o céu azul. Vida nova depois de um longo inverno. Outra mensagem para mim. Enviada por um espírito ou pela natureza?

Espírito ou não, Anne-Marie ainda ocupa um espaço na minha vida. Em *Luto*, de Andrew Holleran, o narrador descreve o luto como sendo "Osíris, cortado em pedaços e jogado no Nilo. Ele fertiliza a terra de modo que não somos capazes de ver, os pedaços de carne sangram para dentro de cada parte da nossa vida, inundando a terra, até que, por fim, a vida ressurja mais uma vez". Osíris, deus da vida além morte, oferece um renascimento. Penso nas lembranças funcionando daquele modo, trazendo Anne-Marie de volta, diante de mim. Não, ela não renasceu. E ela provavelmente não é um fantasma pairando sobre mim ou um anjo sentado no céu. Mas ela tampouco é *nada* e não há o *nada* depois da morte. Há todas as memórias dos momentos que passei na companhia dela. Jack e eu passamos vários finais de semana em Bellport com Anne-Marie e Marvin antes de termos filhos. Bellport é uma cidadezinha tranquila no litoral leste de Long Island, com vista para a Great South Bay e as dunas da Ilha do Fogo. Da casa de Anne-Marie, podíamos ouvir os navios anunciando sua chegada ao vento na baía e o cheiro dos pântanos salgados se infiltrava pela casa à noite, em lufadas.

No verão, saíamos para navegar no veleiro de Marvin ou pegávamos a balsa até a Ilha do Fogo para brincar no mar. Ficávamos na praia até que a última balsa saísse e depois ficávamos acordados até de madrugada, preparando e comendo refeições de caranguejos, vieiras, massa e tomates colhidos naquela manhã por crianças que trabalhavam nas fazendinhas ali perto. Depois do jantar, íamos para a varanda protegida por uma tela com garrafas de vinho, cerveja e uísque e conversávamos até o amanhecer.

Quando os visitávamos no inverno, passávamos os dias dentro de casa, perto do fogo, lendo e bebendo chá quente ou passeando pelas cidadezinhas que cercavam Bellport, à procura de barganhas e sebos. Certo fim de semana, comprei a coleção completa de *Personality Development: A Practical Self-Teaching Course*, publicado na década de 1930. Os volumes finos eram cheios de conselhos surpreendentemente abrangentes, tipo como estourar uma pústula ("Cubra as pontas dos dedos com gaze limpa ou linho e aperte cuidadosamente para extrair o material purulento") e sobre como escolher um livro ("Seja sério, honesto e sincero ao escolher seus livros e depois confie na Providência e o leia com a mente aberta"). Quando li em voz alta a parte que falava sobre como pegar algo que caiu no chão decentemente ("Não agarre nem o pegue à força, segure-o com leveza e graciosidade com as pontas dos dedos"), Anne-Marie gargalhou e, em seguida, deixou cair um guardanapo no chão, dando-me a oportunidade de praticar.

Eu me lembro de surgir à porta de Anne-Marie no dia em que Gorbachev foi tirado do poder por um golpe de Estado e quando o furacão Bob se aproximou do litoral leste. Jack e eu estávamos fugindo da nossa cabana alugada nos confins isolados de Long Island e chegamos a Bellport à procura de refúgio. Tudo estava quieto, não havia sinal de Anne-Marie ou Marvin. Gritamos várias vezes por eles quando, finalmente, subi as escadas para dar uma olhada.

Anne-Marie saiu do banheiro, pingando do chuveiro.

– Um golpe? Um furacão? Do que é que você está falando?.

Em poucos minutos a ansiedade se dissipou e, depois de acordar Marvin, todos fomos nos reunir na cozinha.

A única comida na casa era ostra recolhida do mar no dia anterior, biscoitos salgados e pão velho. Não havia leite nem pó de café.

– Pelo menos temos várias garrafas de champanhe –, ofereceu Anne-Marie.

Assim, sobrevivemos à base de ostras, champanhe e alguns queijos fedorentos que Anne-Marie tirou dos fundos da geladeira. Acendemos velas, fizemos fogo e tivemos um dia maravilhoso enquanto o vento uivava lá fora. Na manhã seguinte, a eletricidade voltou, Gorbachev reassumiu o poder e o sol brilhava novamente.

Quando começamos a ter filhos, Jack e eu ainda éramos convidados para Bellport, apesar de todos os equipamentos que levávamos conosco (berço de viagem, cadeirão, carrinho de bebê, pacotes e mais pacotes de fraldas, roupas, brinquedos), sem contar nossos animados e barulhentos monstrinhos. Os adultos ainda ficavam acordados até de madrugada, bebendo e conversando na varanda, mas as manhãs surgiam muito mais cedo do que todos queriam, principalmente quando marcadas por barulhos de criancinhas ansiosas por movimento, conversas e brincadeiras. Eu tentava levar as crianças para fora da casa, pedindo silêncio a todos pelo caminho, levando-os para o café da manhã no restaurante mais gelado do mundo (levávamos nossos cobertores para nos mantermos aquecidos) e depois levando-os para o parquinho ao lado da praia. Ficávamos lá até um horário decente e depois voltávamos para a casa para um segundo café da manhã, para as panquecas de mirtilo que Anne-Marie sempre fazia para os meninos quando os visitávamos.

Anne-Marie costumava se sentar no chão com os meninos, um por vez. Pegando um pé com cada uma de suas mãos, ela fazia os pés conversarem entre si. Os pés conversavam em vozes fininhas, reclamando da injustiça ("Por que sempre tenho de usar meias furadas?") e discutindo um com o outro ("Você fede!" "Não, você fede mais"). As crianças riam alto e estendiam os pés, pedindo mais. E Anne-Marie lhes dava mais, incansavelmente.

Ao me lembrar de Anne-Marie, eu me garantia contra o pior que a morte tinha a me oferecer. Eu ria ao me lembrar das coisas engraçadas, sorria ao pensar em toda a sua bondade e encontro coragem para o amanhã e para o além. Não há vazio onde há memória. Depois que eu morrer, alguém se lembrará de mim e me trará de volta. Talvez, eu serei um espírito pairando no mundo de éter ao redor dos meus filhos, incitando-os a se lembrarem de mim (*Ela leu um livro inteiro por dia durante um ano – que loucura!*), mas talvez não. E se houver um franco atirador lá fora, esperando para interromper minha vida e me manter longe dos livros nas prateleiras, por enquanto estou segura. Empurrei minha poltrona para a frente dele e me recostei diante de seus olhos cintilantes. Estou sentada e lendo minha porção de livros. E me lembrando. E mantendo a mim mesma e a pessoa que foi Anne-Marie viva. Não tenho nada a temer.

16

OFERECENDO UMA VISTA MELHOR

Como hoje, ela se lembra, estava tudo quieto em casa, somente os dois com todo o dia para si mesmos, e ela tinha tanta certeza do que precisava fazer: ensiná-lo tudo, fazê-lo rir, fazê-lo se sentir seguro e cuidado.

Ron Suskind
A Hope in the Unseen

No começo de junho, George se apresentou com a banda. Ele estava tocando tuba há meses e eu gostava do som do instrumento. Seu professor me garantiu que tocar o incômodo instrumento era uma garantia de aceitação na faculdade: – Os tocadores de tuba são raros e necessários –, ele me disse. Eu não estava pensando na possibilidade de George entrar na faculdade ainda e já sabia que ele era raro e necessário. Mas eu realmente gostava dos tons variáveis que vinham da tuba de George.

A apresentação deu início a vários eventos que celebravam o fim do ano escolar. Provas e uma festa de formatura para Peter, aprovações para George e Michael, ensino fundamental e secundário, uma festa na praia para Martin. Meus filhos estavam crescendo. Eu os teria comigo naquele verão, mas nossos dias de horas passadas juntas estavam diminuindo. A vida dos meus meninos estava se expandindo para longe de mim e para lugares onde eu não podia ir. Lugares para os quais eu não era convidada. Lugares onde eu não podia protegê-los.

Há uma assustadora cena num dos contos de Greg Bottoms, na coletânea *Fight Scenes*, que li no início de junho, na qual um menino rasga seu rosto numa fotografia e a deixa na geladeira da mãe. Seu amigo observa que "se uma mãe tivesse a menor ideia do que é a vida do filho, no que ele pensa, como ele é, ele poderia matá-la, magoando-a". Eu não esperava que nenhum dos meus filhos vivesse vidas ou tivesse pensamentos que me magoassem. Eu queria frescor e felicidade para eles e não noites escuras e pensamentos pessimistas. Qualquer proteção que eu pudesse lhes oferecer agora era na forma de valores que eu tentava lhes ensinar, compartilhando e dando exemplos. Mas o que eu mesma aprendi?

Tenho um desenho que Peter fez para mim pendurado no meu quarto, um desenho feito no primeiro verão que passamos em Westport. O desenho é intitulado "Mamãe Preparando o Jantar" e me mostra com o bebê Martin num dos braços. Ele está berrando e com duas enormes lágrimas ovais caindo no vazio. Com meu outro braço, estou tentando pegar a tigela de salada que está prestes a cair no chão, todas as folhas se espalhando numa confusão de verdes. Minha boca está aberta num grito *à la* Edvard Munch e meus olhos parecem um tanto selvagens. Mas apesar da boca aberta e do olhar enraivecido, eu pareço feliz. Estou leve, dançando descalça no branco da folha de papel.

Durante muito tempo, minha vida foi aquele desenho, trapalhadas, infortúnios e gritos, mas também risadas, união e leveza. Muita leveza.

A luz ainda brilha para mim sempre que olho para meus filhos, mas nossos momentos de construirmos cidades de Lego, prepararmos novas receitas de bolos (um mais enjoativo do que o outro) e lermos em voz alta antes de irmos para a cama tinham acabado. Certo, ainda fazemos flã de chocolate como uma equipe: um para mexer, outro para pôr os ingredientes, um para levá-lo para a geladeira, um para distribuir o creme antes de servir e um para limpar (eu). E nós ainda jantamos juntos, embora agora o prato seja frango em vez de *nuggets* e minha salada consiga chegar à mesa intacta na tigela.

Todas as conversas simples que se desenrolavam durante os jantares foram substituídas por quaisquer histórias que os meninos queiram me contar, quando querem me contar. Claro que nunca ignorei os pensamentos deles, mas quando eles eram pequenos falavam sem parar sobre o que quer que estivesse em suas mentes. Agora, eu tinha de prestar atenção a todas as palavras ditas durante as refeições ou recorrer a formas mais modernas de diálogo, como enviar textos pelo celular ou pelo *Facebook*. Peter me aceitou como amiga no *Facebook*, mas sob a ameaça de que, se eu fosse persegui-lo, ele me bloquearia.

– Não me persiga também! –, respondi.

– Claro, mãe. Como se eu fosse desperdiçar meu tempo lendo a sua página.

Não, eu sabia que ele não iria desperdiçar seu tempo me espionando. Mas no que ele pretendia desperdiçar seu tempo? Eu sabia tanto sobre meus filhos, mas o que me apavorava era o que eu não sabia. Que bons exemplos ou conselhos eu lhes dera? Eu me perguntava o que eles haviam aprendido entre todas as lições de vida que eu lhes ensinara.

Sei que meus filhos adoram ler, assim como eu. Quando ainda vivíamos em Nova York, todas as manhãs Jack e eu os levávamos ao ponto de ônibus 9, no Upper West Side. Depois, Jack prosseguia até o escritório e eu voltava para casa com George, que ainda não tinha idade para ir à escola. Certa manhã, durante nossa caminhada, Peter estava lendo um livro e tentando acompanhar nossos passos ao mesmo tempo.

– Peter – repreendeu-o Jack. – Você não pode ler e andar ao mesmo tempo.

Peter fez que sim e nós continuamos. Depois de alguns minutos, notei que Peter não estava conosco. Virei-me para encontrá-lo no fim do quarteirão com a cabeça no livro. Tendo de escolher entre ler e caminhar – ele não podia fazer as duas coisas – ele escolhera ler.

Nos livros que estava lendo este ano, eu via tanto o que esperava para meus filhos quanto o que eu temia por eles. Num redemoinho de vozes e cenas, eu encontrava orientação não apenas para a minha vida, mas também para o que eu queria na vida dos outros. Em *The Picts and The Martyrs*, de Arthur Ransome, li a respeito de um verão perfeito passado ao ar livre, livre das supervisões e das regras. Ransome escreveu doze livros sobre os "Swallows" e as "Amazonas", entre 1929 e 1947, sobre as crianças de duas famílias, os "Swallows", da família Walker, e as "Amazonas", numa referência às duas meninas Blackett. Todos os meus amigos ingleses leram estes livros quando eram crianças e, às vezes, eu acho que as memórias infantis que compartilhavam comigo foram, na verdade, tiradas diretamente dos romances de Ransome. E por que não? As crianças nos livros de Ransome passam por grandes experiências juntas.

Desafiando as intervenções adultas, os personagens de Ransome fazem seu próprio caminho por diversão. "Somos livres para nos movimentarmos. Vamos hastear a caveira e os ossos cruzados novamente, logo depois de comermos. Vamos agitar as coisas sem perder tempo." As crianças cuidam de si mesmas e umas das outras, se divertindo e avançando com cada briguinha ou choramingo. Ransome é conhecido por seus detalhes práticos e esse romance contém instruções claras sobre como velejar, como pescar truta com as mãos e como tirar a pele de um coelho (nada fácil). As crianças em *The Picts and The Martyrs* se comportam como eu esperava que meus filhos se comportassem, com coragem, bom senso e alegria.

A vida breve e fantástica de Oscar Wao, de Junot Díaz, que li alguns dias mais tarde, retrata de modo muito mais sombrio uma infância independente. Oscar é um adolescente assombrado pela mãe, mas depois deixado à própria sorte para se defender e se definir nas ruas de Newark. As crianças nos livros de Ransome sempre contam com a segurança da família (ou da cozinheira da família), mas Oscar está só. Seu pai desapareceu há anos e sua mãe se relaciona com Oscar e sua irmã somente por meio de ameaças e raiva. "Era dever dela me manter esmagado sob seu sapato." A única pessoa amorosa na vida de Oscar é sua avó e ela vive do outro lado do oceano, na República Dominicana. Para a avó, ele é um "gênio", para todos os outros, ele é um mutante: "Você quer mesmo saber como é ser um X-men? Basta ser um menino inteligente de cor num gueto contemporâneo nos Estados Unidos. *Mamma mia*! É como ter asas de morcegos ou um par de tentáculos saindo do seu peito."

Meu grupo de leituras em Westport leu *A Hope in The Unseen*, de Ron Suskind, para nossa reunião de junho. *A Hope in The Unseen* é um relato não fictício de um menino criado por uma mãe solteira num dos piores bairros de Washington, D.C. Cedric, assim como Oscar, é uma espécie de mutante, ridicularizado pelas crianças da escola por suas boas notas, considerado um espécime raro pelas professoras, por causa do seu bom comportamento, e incompreendido pelo seu pai preso. Sua mãe é seu principal apoio e ela é generosa com ele no que diz respeito ao amor e afeto. Comida e abrigo, contudo, são difíceis de conseguir. Em algumas noites, não há jantar porque não há dinheiro para comprar comida. Os dois enfrentam o despejo e a vida nas ruas mais de uma vez.

Embora haja semelhanças entre Oscar e Cedric, Cedric tem o apoio incondicional, se bem que nem sempre compreensivo, da mãe. O momento em que Cedric se torna um homem é, para mim, quando ele compreende que, por mais que queria deixar tudo no seu passado, sua mãe "não é uma coisa que se destaca e que se possa deixar para trás. Foi ela que o fez chegar tão longe. Deu, deu, deu toda a sua vida, na maior parte por ele". Agora, ele lhe diz: "Você não pode ser a única a cuidar de mim. Sou forte o bastante para fazer algumas coisas também". Então, ele a abraça: "Seus braços compridos a apertam forte, a enorme mulher não precisa ser mais tão grande assim".

De um ambiente de esperança e amor surge um homem. Cedric é cuidado e, por sua vez, torna-se um homem capaz de cuidar de si mesmo e dos outros. Um exemplo dado pela mãe e repetido pelo filho. Que exemplos estou dando? Um livro por dia durante um ano: obsessivo e louco ou dedicado e disciplinado? Meus filhos têm de decidir sozinhos.

Num dia chuvoso de outono, antes de eu começar meu projeto de um livro por dia, saí da estrada perto da nossa casa e comecei a cavar em volta das raízes de um bordo que estava crescendo à sombra de árvores maiores. Era uma arvorezinha com belas folhas avermelhadas e alaranjadas que brilhavam lindamente sob a chuva. Cavei ao redor da raiz e finalmente tirei a coisa toda da terra. Arrastei a árvore e o enorme torrão de terra preso à raiz até um carrinho de mão e depois o empurrei pelo jardim até os fundos da nossa casa. Plantei a árvore ao lado do pátio. Da pia da cozinha, eu podia olhar e ver as folhas cintilantes contra o céu azul escuro do outono. No inverno, os galhos acumulavam neve que brilhavam sob o céu. Na primavera, brotinhos surgiam nos galhos e agora, em junho, a árvore mirrada estava exuberantemente verde. Ela criava sombra o bastante num dos cantos do pátio para que eu levasse uma cadeira até lá e lesse sob o sol. Meus filhos me perguntaram sobre a árvore:

– Por que eu não fui até a floricultura e comprei uma muda de uma bela árvore?

– Porque – eu expliquei para eles – este pequeno bordo estava crescendo sob a sombra de nossos grandes bordos. Ele não cresceria nada lá, mas aqui poderia ficar alto. Com mais sol, ar e espaço ele poderia ficar enorme. Então, ali estava ele, um bordo em potencial e eu o salvei. Aquela árvore só me custou o esforço de tirá-la da terra, arrastá-la até aqui e replantá-la. Entendem?

–Você não tem dinheiro para comprar uma árvore nova? –, perguntou Martin.

–Você é pão-dura –, tentou George.

–Você gosta de cavar –, concluiu Michael. Peter só meneou a cabeça. Jack saiu e ofereceu outra explicação.

– Sua mãe é louca.

–Todas as alternativas –, eu disse. – E eu queria sombra no pátio.

Li a biografia *Madame de Staël: The First Modern Woman*, de Francine du Plessix Gray, sob a sombra daquela árvore. Assim como eu e muitas outras mães, a mãe de Madame de Staël era obcecada no que dizia respeito a criar seus filhos do jeito certo. Para descobrir como criar meus filhos, eu contava com o exemplo da minha própria mãe e das mães de que gostava em livros, como a personagem Geraldine Colshares, em *Goodbye Without Leaving*, de Laurie Colwin.

Eu sentia uma ligação com Geraldine. Ele era cantora e dançarina de uma dupla de *rhythm & blues* e eu sempre sonhei ser isso. Depois que ela se casa e tem um filho, quer apenas ficar com o bebê, o pequeno Franklin: "Dormindo no meu colo, ele não sabia que a pessoa que o segurava não tinha emprego, profissão e que, na verdade, tinha sobrevivido. O pequeno Franklin, claro, não se importava, e eu tampouco me importava. Eu tinha um objetivo na vida: sentar-me numa cadeira de balanço e admirar distraidamente meu bebê enquanto o amamentava, o fazia arrotar e ninar".

Sim, foi exatamente assim que me senti quando os meninos eram pequenos. Por isso, talvez, eu não estivesse procurando por orientação nos livros sobre como ser uma mãe e sim por aprovação quanto ao que eu estava fazendo. De qualquer modo, ao ler a abordagem de Gerry sobre a maternidade: era como estar numa banda – "muito cansada e cantando muito. E também estando sozinha o tempo todo" –, fez com que eu me sentisse melhor quanto a ser a mãe que eu era e cantar mais alto do que nunca.

A mãe de Madame de Staël também contava com os livros para descobrir como criar a filha. Ela recorreu aos textos de Jean-Jacques Rousseau, principalmente as orientações que ele delineou no romance *Emile e Sofie* ou *Os solitários*, a fim de guiar sua filha rumo a uma existência cheia de satisfação. De acordo com a biógrafa Du Plessix Gray, a mãe interpretou equivocadamente os textos de Rousseau, mas isso não teve a menor importância. Sua filha saiu da infância com um humor refinado, uma inteligência rápida, grandes ambições e, principalmente, um entusiasmo enorme.

Madame de Staël escreveu numa carta: "O entusiasmo é a emoção que nos propicia a maior das felicidades, a única que se oferece a todos". Tentei passar aos meus filhos a alegria incontida sobre tudo e a curiosidade a respeito do que acontece ao redor deles todos os dias. Afinal, o que é a curiosidade se não um entusiasmo para aprender e saber?

Anne-Marie tinha uma energia ilimitada e uma curiosidade infinita no que diz respeito às novas ideias e novos modos de se olhar para as coisas. Aquele entusiasmo a motivava no trabalho e nos seus relacionamentos, embora o outro lado da moeda – seu tédio quanto a todos os assuntos cansativos –, às vezes, tornava sua companhia irritante. Eu me sentei em jantares durante os quais ela se levantou da mesa, cansada da conversa, e saiu em busca de alguém mais interessante com quem conversar. Para nós que a conhecíamos bem, o sinal era claro: mude de assunto. Mas era difícil encontrar outro assunto. Anne-Marie estava sempre preparada – e entusiasmada – para novas ideias e feliz por voltar à mesa. Quero que meus filhos sejam mais diplomáticos em jantares, mas que sejam também sempre abertos, como a tia e Madame de Staël, a ideias novas e diferentes, visões e objetivos.

Também quero que meus filhos se sintam gratos por tudo o que a vida lhes oferecer. Em *As leis da noite*, de Mary Yukari Waters, encontrei belos exemplos de gratidão. As histórias de *As leis da noite* se passam, na maioria, no Japão, desde antes da Segunda Guerra Mundial até os anos que se seguiram ao conflito. Os personagens de Waters viram a morte numa escala que variava do intimismo (crianças, pai, mãe, esposa) à morte em escala nacional (o horror de Hiroshima). Nenhum dos personagens teme a morte, mas exibe reações diferentes de expectativa, arrependimento e aceitação: "E ela se sentia grata a quem quer que tivesse deixado este cartaz para mostrar que ele, também, conhecera este limbo para o qual não há palavras; que ao longo dos tempos outras pessoas conheceram isso e que, por seu caminho humilde, ela chegara ao lugar certo".

Apesar das várias interpretações da morte, os personagens de Waters compartilham a mesma reverência pela vida. Eles se sentem enormemente gratos por estarem vivos. Como explica um dos personagens: "As sombras das folhas manchadas se movem sobre a terra como células escuras, a totalidade deste jardim em harmonia e se fundindo... Por fim, estar vivo é o que importa".

Um dos personagens de Waters cita um haicai de Mizuta Masahide, um samurai do século XVII e famoso escritor de haicais.

Eu pensei seriamente em mandar pintar o haicai sobre a porta da nossa cozinha: "Como minha casa pegou fogo/agora tenho uma vista melhor/do nascer da lua". Uma ideia melhor: era isso o que eu queria que meus filhos tivessem. Que não vissem o pior que as circunstâncias tinham para lhes trazer na vida e sim o melhor. Resiliência diante da frustração.

O que mais eu queria para meus filhos? Haruki Murakami escreve em suas memórias *Do que eu falo quando eu falo de corrida* sobre como, depois de decidir se tornar escritor, abordou seu objetivo de um modo peculiar: "Você precisa mesmo ter prioridades na sua vida, estabelecendo em que ordem você deve dividir seu tempo e energia. Se você não estabelece esse tipo de sistema numa certa idade, você não terá foco e sua vida será desequilibrada". Ao decidir que, para ele, escrever seria o foco da sua vida, ele se dedicou a isso, entendendo que haveria outros aspectos da sua vida que ele teria de desistir. Ele não pode desistir de correr (com tendência a engordar, ele corre para se manter em forma), mas socializar e ficar acordado até tarde são atividades que ele exclui da sua rotina.

– Ele não tenta fazer tudo –, expliquei para Jack durante o jantar daquela noite.

Tivemos uma refeição especial em homenagem ao aniversário de George, uma sucessão de dias de festividades em sua homenagem. Houve uma festa na escola, uma reunião à tarde com os amigos e agora o jantar com a família. Ao longo do fim de semana, haveria mais uma festa com meus pais e Natasha. Eu fiz vários bolos de sorvete e investi num lote de armas de espuma e munição (bolhas e *piñatas* não serviriam este ano). Pendurei a faixa de feliz aniversário que agora decoraria nossa cozinha durante todo o verão. Todos os quatro meninos nasceram no verão e o aniversário de Jack é no fim de agosto, logo depois da estação. O fim de semana – e o verão – estava apenas começando e eu já estava exausta.

Fazer tudo? A quem eu estava enganando? Entre Meredith, os quatro meninos e meus pais, a maioria dos finais de semana em nossa casa é cheia de energia. No verão, mais convidados vêm, colchões são colocados no chão e toalhas se empilham nos banheiros. A comida é uma demanda constante, com leite, banana, suco de laranja e pão no topo da lista todos os dias. A bagunça aumenta e se espalha por toda a casa: livros abertos, brinquedos desmembrados, óculos usados, jornais velhos, roupas sujas e mais roupas sujas, roupas sujas por todos os lugares. Folhas e pegadas de terra feitas pelas crianças, vômitos de gatos nos cantos, deixando grama regurgitada oferecida em pequenos montes. A cada duas semanas uma amiga brasileira chega e põe sua equipe de limpeza para trabalhar com uma eficiência e disciplina que eu invejo. Vinte e quatro horas depois de eles irem embora, salgadinhos se misturam ao tapete, óleo de cozinha se derrama por todo o forno e na bancada da cozinha outro gato já vomitou em outro dia de regurgitação difícil.

– Ninguém quer que você tente fazer tudo –, disse-me Jack firmemente, observando enquanto eu lambia o bolo de sorvete da bandeja. Era melhor começar a correr, pensei comigo mesma, acrescentando mais uma atividade diária à lista.

– Você quer dizer que eu não deveria tentar ler, e escrever, e ver amigos, e brincar com as crianças, e alimentar a família, e lavar a roupa, e preparar as refeições...

Bufadas de Peter e Michael, mas eu tomei a dianteira:

– E manter a casa longe da bagunça total e da sujeira, e tirar as ervas daninhas do jardim, e fazer as camas...

– Ei –, interrompeu Martin. – Eu faço minha cama e ajudo com as ervas daninhas.

– Sim –, disse George. – E eu fiz os brindes da minha festa de aniversário. Sempre faço minha cama e levo minhas roupas sujas para a lavanderia.

– Todos vocês são ótimos –, disse Jack. – Sei que a mamãe agradece a ajuda. Um olhar para mim.

– Sim, agradeço –, eu disse.

E eu percebi que George tinha razão. Ele tinha montado os brindes de aniversário sozinho e organizado todas as atividades da festa. Eu só tinha de arranjar a artilharia. Jack prepararia o lanche para nossa festa de fim de semana e os meninos mais velhos fariam a limpeza. Ninguém reclamou ou provavelmente nem notaram que a faixa de aniversário deste ano não estava decorada com serpentinas multicoloridas ou balões que eu acrescentara nos anos anteriores.

Há um ano, a bagunça de cartões-postais, cupons e convites escolares se empilhavam na bancada da minha cozinha, os montes de papéis da escola, projetos e contas cresciam ainda mais na mesa da sala de jantar e as montanhas cinzas de sujeira nos cantos (sem mencionar a grama vomitada) teriam me deixado louca. Mas este ano eu suspirei dramaticamente e disse:

– Que se dane. Tenho coisas mais importantes para fazer.

De algum modo, graças a algum milagre da leitura, minha vida confusa estava me proporcionando uma visão melhor da lua nascente. Era um negócio muito, muito bom.

– Tenho sorte. Estou fazendo o que gosto, lendo um livro por dia. E vocês, meninos, estão me ajudando nisso. Aposto que Murakami nunca consegue o tipo de ajuda que eu consigo. É isso o que uma família faz – se ajudam.

– Você está nos dando uma lição de moral? –, perguntou George, suas sobrancelhas arqueadas e sua boca numa linha reta de consternação.

– Não, estou agradecendo.

Certo, talvez eu estivesse dando uma lição de moral. Mas também estava dividindo. Dividindo tudo o que estava aprendendo durante este ano de leituras diárias, sempre que tinha uma oportunidade. Estávamos descobrindo as coisas juntos, fazendo-as funcionar. Resiliência, entusiasmo, gratidão, atenção, independência. Uma base sólida de amor familiar. Eu encontrara esses elementos repetidas vezes nos livros que lia. Os ingredientes para uma vida feliz. E acrescentei um pouco de bagunça caseira à massa, um agente catalisador para o recheio do bolo da existência.

No último dia de junho, li *Nick Adams Stories*, de Ernest Hemingway. No conto intitulado "On Writing", encontrei uma homenagem ao verão como ela deve ser: "Ele o amara mais do que tudo... As viagens longas no carro, pescaria na baía, leituras na rede nos dias quentes, nadar, jogar beisebol..., comer na sala de jantar olhando pelas janelas até os campos que se estendiam até o lago, conversar..., beber..., as viagens de pescaria longe da fazenda, ficar apenas deitado".

Parecia perfeito. Ainda tenho meus filhos em casa comigo, pelo menos por mais um verão. Haveria mais aniversários para celebrar e bolos para assar, haveria lugares para onde eu teria de dirigir, refeições para cozinhar e roupas que eu teria de lavar. Mas eu reservaria um tempo para que todos nós fôssemos nadar, ou jogar, ou simplesmente deitar na rede ou na grama, lendo. Nosso tempo gasto juntos jamais seria esquecido, e as lições de amor e segurança, de bênçãos e alegrias simples seriam lembradas para sempre.

17
VAGA-LUMES DANÇANDO NO JARDIM

Maou não consegue evitar pensar na noite como era antes, lá em Onitsha: o medo e a alegria que ela lhe deu, o calafrio por sua pele. Todas as noites, desde sua volta para o sul, é o mesmo calafrio que a reúne com o que perdera.

J. M. G. Le Clézio
Onitsha

Vivendo numa comunidade litorânea, minha família raramente viaja no verão. Mas durante este verão, lendo um livro por dia, eu estava viajando para longe, muito longe. Os livros eram meu consolo este ano e meus orientadores quanto a como viver, mas também estavam me dando as férias que precisava. Nas horas em que as crianças estavam no acampamento, se divertindo nos quartos ou correndo loucamente pelo jardim, eu estava viajando por quilômetros e através dos anos e encontrando novos e antigos lugares para visitar. "Não há fragata como um livro,/ Para nos levar para longe", escreveu Emily Dickinson. Eu estava a bordo da fragata, a toda velocidade à frente.

Viajei para a Úmbria com William Trevor em *My House in Umbria*, onde vi "uma construção amarelada no fim do caminho... se lançando sobre uma paisagem de olivais e ciprestes... giestas e laburnos manchando as encostas de trevos, papoulas e gerânios pontuando os campos... A colina continua se elevando lentamente e há um campo de girassóis".

– Mamãe! –, a voz de George interrompe minha leitura, me trazendo de volta ao presente. – O que temos para jantar?

– Hummm? Macarrão, acho... com um pouquinho de azeite de oliva.

Fecho a porta da minha sala de música e volto para a Úmbria.

Viajando de navio, atravesso o oceano para chegar à Nigéria, em *Onitsha* de J. M. G. Le Clézio. Foi uma jornada difícil: "Dia após dia, somente este mar rígido, o ar se movendo à velocidade do navio, o avanço vagaroso do sol pelas paredes de aço da embarcação, seu brilho escaldando a testa e o peito, queimando profundamente". Mas, ah, o que eu vi quando cheguei lá: "Ao pôr do sol o céu se escurecia no oeste... Ao longe, o rio inscrevia uma curva suave para o sul, tão grande quanto um braço de mar, com traços hesitantes de ilhotas, como balsas à deriva. A tempestade se aproximava. Havia raios sanguinolentos no céu, falhas por entre as nuvens. Depois, rapidamente, a nuvem negra subiu o rio, alcançando-nos antes dos íbises que voavam ainda iluminados pelo sol".

Acordei para fazer uma caminhada noturna pela Irlanda do conto "Walk the Blue Fields", de Claire Keegan: "A noite azulada se espalhara, escura, pelos campos... a primavera chegara, seca e cheia de promessas. Os carvalhos crescem, seus galhos nus bronzeados... Por todos os lados, o ar é áspero com o amargor dos arbustos de groselha. Um cordeiro sobe por uma encosta íngreme e atravessa um campo azulado. No alto, as estrelas vagueiam". Sempre quis ir à Irlanda, depois de ler e reler Yeats naqueles anos todos durante a faculdade e depois, agora finalmente viajei até lá.

Em "The Lake Isle of Innisfree", Yeats escreve:

E eu terei um pouco de paz lá, porque a paz goteja lentamente,
Goteja dos véus da manhã onde o grilo canta;
Lá a madrugada é todo um brilho e a tarde lilás,
E o anoitecer cheio de asas de pintarroxos.

Esse era um dos meus poemas preferidos porque me lembrava de onde eu cresci, ao lado de um lago, e também porque me oferecia algo novo e diferente, o isolamento de uma cabaninha "de vergas e argila". Mas o que era uma verga? Não me importava. Eu só queria viver novamente perto do lago e viver pela primeira vez numa cabaninha ao lado de "fileiras de feijoeiros" e uma "colmeia de abelhas", estar lá onde os grilos cantam (eu sabia que isso soava bem) e as noites eram "cheias de asas de pintarroxos".

Pintarroxo? Novamente não faço ideia, mas fui seduzida. A mistura do conhecido e do novo era intoxicante.

Mas eu também queria o que era antigo e passado. Depois de perder minha irmã, minha vontade de voltar no tempo, de revisitar a época em que ela vivia, ganhara força. Eu queria tirar férias em Evanston com nossos filhos. Eu escolheria o verão, quando nós, meninas, podíamos ficar acordadas até tarde e passar nossas tardes brincando de esconde-esconde e queimada com as crianças da vizinhança. Quando nos cansávamos de correr, simplesmente nos amontoávamos e rolávamos pela grama. Quando tínhamos fome, as crianças mais velhas, como Anne-Marie, organizavam as mais novas para voltarem para suas casas, pegando refrescos e pêssegos ou, melhor ainda, dinheiro para comprarmos sorvetes.

O cheiro gasoso do caminhão de sorvetes e sua musiquinha alta gravada para se repetir incontáveis vezes antes que se visse o caminhão propriamente dito, descendo pela rua com casquinhas, sanduíches e picolés. Depois de tomarmos nossos picolés, minhas irmãs e eu ficávamos lá fora, sentadas na varanda até que nossos pais nos mandassem entrar. Vaga-lumes pairavam sobre o jardim e entravam nos arbustos e árvores. Nunca conversamos sobre o que faríamos quando crescêssemos. Sentadas juntas sob o céu noturno, observando o pisca-pisca dos vaga-lumes, não havia dúvidas de que faríamos o que quiséssemos. Tudo era possível.

Voltei àquele lugar e àquela sensação quando li o conto "Burning Bridges, Breaking Glass", da coletânea *Where The Money Went*, de Kevin Canty. Embora a trama da história gire em torno de um caso de amor entre um homem mais velho e uma jovem, o pano de fundo é pura fertilidade do centro-oeste, aquela abundância de possibilidades propiciadas pelas longas noites e pelos vastos espaços e céus infinitamente estrelados. Canty escreve sobre "o perfume da primavera do centro-oeste, gasolina, rosas e piche, o barulho das pessoas atirando a distância, o assovio constante da rodovia, o barulho de vidro quebrando e risadas, o barulho da própria vida". Para mim, isso era o verão e não a primavera, quando eu ouvi tais sons e senti esses cheiros a história me levou de volta à infância.

Em "Burning Bridges, Breaking Glass", o narrador sente o mesmo retorno à infância. Ele é um homem de meia-idade com problema de alcoolismo e tenta pôr um fim nesse seu problema passando duas semanas numa clínica de reabilitação cara no deserto. Lá, ele conhece Karen, esposa de um médico. Ele se apaixona por ela e, depois que ela vai embora, ele decide segui-la até sua casa em Ohio.

Rossbach encontra Karen em Ohio, mas o mais importante é que ele redescobre o lugar e o tempo da sua juventude, a "primavera em toda a sua glória, com flores se abrindo nas calçadas e abelhas em todos os lugares". Fiquei emocionada com o cenário de uma primavera no centro-oeste, assim como Rossbach que se vê em transe com o mesmo fenômeno. Quando começou a recuperar sinais da sua infância, a "primavera rosa e lilás que ele havia esquecido", o mesmo aconteceu comigo.

Rossbach mergulha "na luminosa tarde sob o som de abelhas da alta primavera", onde "cerejeiras no estacionamento florescem em rosa, rosa neve e pétalas brancas sobre os carros estacionados sob elas". Lembrando-se daqueles "dezessete anos, sentindo simplesmente a si mesmo no seu corpo, a florescência disso, o milagre", Rossbach sente "a esperança ainda despejada nele, a excitação": a possibilidade em sua vida se renovou.

Terminei de ler aquele conto com minha própria "esperança", minha própria juventude recuperada. Eu me lembrei de deitar na minha cama com as janelas abertas para deixar que o ar quente do verão entrasse. Da cama, eu podia ouvir o tráfego na Golf Road e o rádio tocando na varanda do vizinho. Senti o perfume da escuridão da terra recém-revolvida no nosso quintal, o cheiro doce da grama recém-cortada e o cheiro de churrascos. Cheiros e sons eram como um convite para mim, um chamado para sair correndo e me juntar ao universo. Eu estava mais velha, já havia passado do tempo do esconde-esconde e da espera pelo sorveteiro, mas ainda acreditava que meu futuro era ilimitado. Eu sabia que a brisa entrando pela janela era cheia de promessas de aventura, amor e diversão, promessas que estavam apenas esperando para serem cumpridas.

Os livros eram minha máquina do tempo, meu veículo de redescoberta e alegria renovada da infância e além. *Os sonhadores*, de Knut Hamsun, levou-me de volta à faculdade e para as noites primaveris quando eu me descobria abraçada a um namorado recente sob uma árvore em flor. Hamsun expressa o fervor hormonal da primavera com todo o seu poder avassalador: "Era primavera novamente. E a primavera era quase insuportável para os corações sensíveis. Ela levava a criação ao limite, pairava com seu perfume picante e metálico para dentro até mesmo dos narizes mais inocentes".

Os sonhadores se passa numa cidadezinha costeira da Noruega na virada do século. Depois de ficarem confinados durante todo o inverno, os cidadãos dessa cidadezinha litorânea se sentem livres sob os ventos que sopram do mar, libertados pelos perfumes do solo quente, pelas árvores em broto e pelas flores se abrindo. Os personagens de *Os sonhadores* se permitem sonhos luxuriantes de amor e felicidade, desejo nascido repentinamente do sol e do calor: "Era o clima dos sonhos; por algum tempo buscas excitantes pelo amor... De cada ilhota rochosa se ouvia o canto dos pássaros... e as focas tiravam as cabeças da água, olhavam em volta e mergulhavam novamente para seu mundo subaquático".

Emoções e desejos se estabelecem à medida que a primavera se transforma em verão: "Milho e batata crescem; e os campos se agitam ao vento; arenques são estocados em todas as barracas, vacas e cabras ordenhadas enchem baldes de leite e se deleitam na própria gordura". Há abundância de comida e também de sonhos: "O verão é a época de sonhar, mas depois é preciso parar. Mas algumas pessoas continuam sonhando a vida toda e não mudam".

Pessoas de sorte, as que sonham a vida toda. Certo otimismo profundo é exigido: a crença de que os sonhos podem se tornar realidade. E eu percebi que havia outro motivo para que eu estivesse em minha aventura de leituras. Voltar ao lugar onde eu tinha certeza de todos os meus sonhos. O perfume da grama, as estrelas no céu úmido, a lufada quente de ar contra meu rosto, tudo isso estava gravado em minha mente. As lembranças se enfileiravam como uma cerca e eu estava segura lá dentro. Eu tinha dez anos e todos os meus amanhãs esperavam um mundo inteiro só para mim. Ou eu tinha dezoito anos novamente, beijando sob uma macieira em flor e certa de que toda a minha vida sempre seria cheia daquela mesma intensidade de desejo e determinação.

Depois que li *Os sonhadores*, minha mãe me contou que Knut Hamsun era o escritor preferido do meu avô. Fiquei empolgada ao ouvir isso. Agora, eu compartilhava a admiração por Hamsum com meu avô, um homem que eu não conhecia bem, mas que amava. Eu me perguntava que fuga ele encontrara lendo Hamsun. Imaginei meu avô sentado numa cadeira branca de verão sob o sol diante do orvalho das árvores verdes da primavera. O perfume dos lilases flutua até ele se pôr sobre o gramado. Ele jamais poderia ter imaginado que sua neta fosse ler Hamsum numa poltrona roxa fedendo a gato em Connecticut, ao lado da janela escancarada para a brisa de verão. Dois leitores unidos pelo lugar e estação de um único livro, por razões bem diferentes, mas com o mesmo resultado: um amor pelas histórias e o consolo que o lugar propiciava, um lugar no tempo e no mundo. Uma fuga, férias, a redescoberta de lembranças. A viagem não tinha de ser solitária. Um livro compartilhado era uma fuga na companhia de outrem.

Mesmo quando eu lia um livro no qual a história nada tinha a ver com minha experiência de vida, eu descobria um eco de lembranças recuperadas e uma fuga do presente. Em "The Loneliness of the Long Distance Runner", um conto de Alan Sillitoe, um menino é enviado para Borstal, uma escola inglesa para delinquentes. O menino, chamado Smith, era mesmo um delinquente, ele havia roubado a padaria local e escondido o dinheiro num velho cano de esgoto do lado de fora de um barraco que ele dividia com a família.

Ele se tornara ladrão num esforço para recuperar o breve instante de alegria que sua família vivenciou ao receber a pensão pela morte do pai: "Nunca conheci uma família mais feliz do que a nossa naqueles meses em que tínhamos todo o dinheiro de que precisávamos". Quando uma terrível chuva revela o dinheiro roubado diante de um policial, Smith é enviado para Borstal.

Mas a vida não era completamente ruim no reformatório. Smith é recrutado para a equipe de *cross-country* e enviado de trem para uma competição no interior. Suas corridas matinais no interior lhe davam ao mesmo tempo solidão e fuga e ele espera ansiosamente por esses momentos como a melhor parte do seu dia.

Não tinha nada em comum com Smith, mas mesmo assim a descrição que ele faz das corridas matinais me fizeram recuperar uma lembrança distante de uma caminhada matinal que fiz aos vinte anos. Eu estava numa conferência sobre meio ambiente em Adirondacks, hospedada numa fazenda a cerca de cinco quilômetros do centro de conferência. Depois do primeiro dia de reuniões, entusiasmada por tudo o que eu realizaria nos meses seguintes, voltei para a fazenda para uma boa noite de sono.

Durante a noite fez muito frio e no cômodo sem aquecimento da casa da fazenda eu dormi mal. Mesmo me cobrindo com todas as minhas roupas, eu não conseguia me aquecer. Por fim, saí da cama. Saí para a noite escura, o ar gelado e imóvel ao meu redor. Se fosse para sentir frio, era melhor senti-lo lá fora, andando de um lado para o outro, e não tremendo numa cama dura e estreita. Enquanto eu caminhava, o céu começou a clarear sobre as montanhas distantes. O sol nasceu diante de mim distribuindo seu calor por sobre o mato branco da geada. Andei sobre gravetos que se quebravam como gelo sob meus sapatos e gafanhotos acordados pelo calor do sol pulavam à minha frente, indicando-me o caminho. Ao caminhar, notei todas as coisas ao meu redor. O capim plano brilhando sob o sol. Os arbustos brilhando avermelhados. As árvores, escuras e rígidas contra o céu e as montanhas ao fundo, lilases sob o brilho rosa e alaranjado. O ar fresco espetava contra meu rosto e eu inspirava profundamente. Eu me senti como se pudesse voar, planar até as montanhas pela pura energia que vinha da terra que acordava e que corria pelas minhas veias.

Eu era exatamente como o menino de Borstal, correndo pela manhã, o mundo fresco e totalmente escancarado ao seu redor: "Assim que dava o primeiro passo no capim congelado da madrugada, quando nem mesmo os pássaros tinham força para cantar, eu começava a pensar e era disso que gostava... Às vezes, eu acho que nunca me senti tão livre quanto nas horas em que corria pela estradinha, passando por portões e virando naquele carvalho gordo no fim do caminho". Eu reconhecia aquela sensação de "nunca me sentir tão livre" – foi assim que me senti naquela manhã em Adirondacks.

Voltar no tempo era voltar a uma época em que me sentia otimista e livre, antes da morte da minha irmã. Todos têm um antes e um depois e nossa vida se divide por eventos de perda, sofrimento ou dificuldades. Para mim, este evento era a morte da minha irmã, inesperado e rápido demais. Nos meses seguintes à morte de Anne-Marie, perdi toda a fé no futuro. Entendi a morte da minha irmã como um sinal de que o mundo já não me aguardava.

Mas eu estava enganada. Ao longo deste ano de leituras eu estava redescobrindo aquela "esperança ainda em chamas" de possibilidades. Os livros não apenas estavam me levando para longe, para fugas de novas experiências, mas também para pessoas, lugares e atmosferas criadas por escritores que também me traziam de volta para aqueles tempos da minha vida em que eu tinha esperança no futuro.

Como viver? Presa ao presente, mas disposta a viajar para outros lugares e tempos. Meu futuro dependia disso. Todos precisamos escapar de vez em quando das pequenas e grandes pressões, mágoas e desapontamentos da vida cotidiana. Eu precisava fugir do lugar onde Anne-Marie já não vivia e voltar para o tempo em que nós duas estávamos vivas, para quando o futuro parecia ilimitado e maravilhoso.

Os livros eram a fragata para onde quer que eu quisesse ir. Meu futuro não é infinito, hoje eu sei disso. Mas minha vida é cheia de possibilidades, como sempre foi desde que eu era uma menininha sentada na varanda com minhas irmãs, tomando sorvete e observando os vaga-lumes brilhando no quintal escuro.

18

AS RESPOSTAS QUE OS MISTÉRIOS NOS DÃO

Percebi que cabia a mim decidir se eu interpretaria o fim injusta e insatisfatoriamente e sofrer por conta disso ou decidir se isto, e apenas isto, era o fim adequado.

Bernhard Schlink
Self's Murder

Agora, entendo: um chapéu amarelo flutuando na água, cabelos castanhos espalhados por todos os lados. Li pela primeira vez *The Scarlet Ruse*, de John D. MacDonald há trinta anos e ainda me lembro como Travis McGee cortou o próprio cabelo e depois os cachos da mulher e os prendeu ao seu chapéu. O chapéu foi jogado na baía, criando uma ilusão para prender os bandidos. "Foi melhor do que eu esperava. Eu a estava espionando. Ela flutuou até lá, morta numa balsa. Eu me perguntava se ela alguma vez foi mesmo capaz de compreender o fato de sua própria morte inevitável e casual. Hoje, meus amigos, todos temos um dia a menos, todos nós. E a alegria é a única coisa que retarda o tempo."

Sabedoria de um livro policial, um de uma série de vinte e um livros com títulos de cores escritos por MacDonald, todos lidos por meu pai e a maioria lida por mim também, ao longo dos dias e noites compridas e úmidas dos verões de Chicago.

Um livro não tem de fazer parte do cânone literário para fazer diferença na vida de um leitor. Eu tinha dezessete anos quando li pela primeira vez a frase de MacDonald: "A alegria é a única coisa que retarda o tempo". A declaração explícita de se livrar da tristeza e de se alegrar em êxtase, grande e pequena, é mais relevante para mim hoje do que foi na época, mas mesmo naquele tempo ela despertou algo em mim e ficou comigo. Não apenas porque foi tirada de um livro policial de MacDonald, e ler MacDonald era um vício que eu compartilhava com meu pai, mas também porque livros policiais, como um gênero, têm algo a dizer a todos nós sobre o mundo e nossos esforços de compreender nosso lugar nele.

Na minha infância e adolescência, todos na minha família liam livros policiais. Principalmente no verão, líamos vários volumes de assassinatos, desaparecimentos e outros atos de traição e fraude. Não havia nada melhor do que sermos os últimos na praia, avançando por histórias cheias de reviravoltas. Meu pai passava seus verões com dois Macs, John D. MacDonald e seus romances com o personagem Travis McGee e Ross Macdonald, com a série de Lew Archer. Minha mãe preferia Rex Stout e P. D. James, Anne-Marie amava Agatha Christie e Natasha era fã do lorde Peter Wimsey, de Dorothy L. Sayer. Comecei cedo com os mistérios de corridas de cavalos de Dick Francis e me equiparei ao apetite do meu pai por MacDonald e Macdonald.

No primeiro verão que passei trabalhando em Nova York, Anne-Marie me convidou para sua casa em Bellport. Depois de uma semana de setenta horas de trabalho e várias semanas, o convite foi uma bênção, pois finalmente tive a oportunidade de fugir do calor salgado e gorduroso do verão de Nova York e chegar ao ar fresco e salgado do leste de Long Island. Cheguei com nada além de um traje de banho e um par de calções. Anne-Marie me deu tudo o mais de que precisava, desde protetor solar até meu próprio quarto no alto da casa. O quarto estava vazio, exceto por uma cama com um edredom verde e branco manchado, um abajur decorado com teias de aranha e um cesto de vime cheio de revistas *New York* da década de 1970.

No meu primeiro fim de semana lá, descobri uma valiosa coleção de livros policiais. Sob meu quarto ficava o estúdio de Anne-Marie, um espaço cheio de livros. De um dos lados ficavam apenas livros acadêmicos, tratados de arquitetura, volumes de filosofia e jornais sobre história da arte e teoria crítica. Do outro lado do escritório havia prateleiras estreitas entupidas de romances, coletâneas de poesia e livros policiais. Eu reli toda a obra de Agatha Christie, livro após livro, durante aquele primeiro verão como uma nova-iorquina.

Antes mesmo que soubessem ler, Anne-Marie iniciou meus filhos na tradição dos verões de livros policiais. Ela se sentava com eles na varanda em Bellport, traduzindo todos os seus livros de Tintin, de Herge, do francês para o inglês, deixando-os entusiasmados com *As joias do Castafiore*, *O lótus azul* e *A ilha negra*. Quando eles ficaram mais velhos, ela os acompanhava até a biblioteca pública de Bellport. Lá, eles passeavam pela seção de livros infantis. Usando o cartão da biblioteca de Anne-Marie (que ainda tenho na minha carteira – azul-claro com uma logomarca naval de uma gaivota sobre uma pilha de livros), eles pegavam os livros policiais de Marjorie Weinman Sharmat com Nate, o Grande, e os livros policiais da série Algo Fantástico, de Elizabeth Levy.

No primeiro verão depois da morte de Anne-Marie, os meninos, Jack e eu fomos a Bellport visitar Marvin. Ao entrarmos na estradinha de terra, percebi que esperava ver Anne-Marie surgindo no gramado para nos receber enquanto descíamos do carro. Mas claro que isso não aconteceu. Ela estava morta, nós havíamos espalhado suas cinzas no mês anterior na ilha do Fogo, no litoral de Bellport. Como consegui ir até aquela casa sem que ela estivesse lá me esperando? Fiquei no carro enquanto os meninos saíam correndo pelo gramado, atravessando com estrondo a porta dos fundos e gritando por Marvin.

Finalmente desci do carro naquele dia e entrei para me juntar aos demais. Durante a tarde que passamos lá, subi até o escritório de Anne-Marie e passei a mão pela fileira de livros de Agatha Christie. Peguei *O caso dos dez negrinhos* e o devolvi. Eu ainda não estava pronta para reler um livro que dividira com minha irmã. Sentei-me na velha poltrona cinza com vista para o oeste, por sobre a cerca plantada alguns anos antes e que já crescendo alta, e chorei.

Desde aquele verão fomos todos os anos para Bellport e sempre tenho a sensação de que Anne-Marie atravessará o gramado para nos receber. É uma sensação fugaz, um momento de insanidade contra a realidade do que sei, mas por aquele instante, a possibilidade de ela atravessar o gramado calçando suas sandálias pretas, seus *shorts* cáqui curto e sua camiseta branca faz mais sentido para mim do que sua morte jamais fará. No meu universo interior, a ordem que busco é aquela na qual Anne-Marie interpreta um papel constante e importante. Nenhum outro mundo faz sentido para mim.

É essa busca pela ordem que motiva meu desejo de ler livros policiais. Claro que eu encontro lampejos de sabedoria em bons livros policiais, mas o que busco mesmo são as soluções para os mistérios. Estou em busca de uma ordem no universo. Num mundo onde, às vezes, tão pouco faz sentido, um livro policial pode usar as reviravoltas da vida e transformá-las numa trama que, às vezes, faz *mesmo* sentido. Uma solução para um mistério é encontrada. A sensação de satisfação é enorme.

Neste verão de leitura de um livro por dia, nossa viagem anual para Bellport seria apenas uma curta visita, tempo o bastante para um almoço e uma tarde na praia. Quando chegamos, novamente fiquei dentro do carro por um instante, enquanto os meninos e Jack atravessavam o gramado e entravam na casa. Esperei ansiosa, mas Anne-Marie não veio. Por mais verões que eu voltasse e por mais que eu permanecesse no carro, Anne-Marie não sairia e me receberia com sorrisos e beijos. Esperei por mais um instante e depois fui me juntar aos demais na casa.

Fomos para a Ilha do Fogo naquela tarde, viajando pela baía Great South na lancha de Marvin. Era um dia quente com muito vento e ondas enormes quebrando no litoral da ilha. O mar estava agitado demais para que eu nadasse e, de qualquer modo, eu preferia ler sob o guarda-sol. Como era bom ter uma desculpa este ano: "Tenho de terminar o livro de hoje!". Abri meu livro, um policial de Bernhard Schlink chamado *Self's Murder*, e comecei a lê-lo. Schlink ficou famoso pelo romance *O leitor*, mas este livro policial me chamou rapidamente a atenção.

O protagonista de *Self's Murder* é o detetive particular Gerhard Self, ex-procurador do Estado durante o regime nazista e atualmente um benfeitor. Como detetive particular, Self está se esforçando para consertar seus erros do passado numa pena autoimposta. Com mais de setenta anos, ele sabe bem que muitos clientes em potencial "ficarão mais impressionados com um jovem com um celular e uma BMW que fosse um ex-policial... do que por um velho dirigindo um Opel caindo aos pedaços". Mesmo assim, Self não está pronto para se considerar perdoado. Ele se esforça, cuidando das pessoas que se aproximam dele pedindo ajuda e tendo dificuldades para aceitar o fato de que, às vezes, não há nada que ele possa fazer: "Eu me sentia torturado pela impotência de não ser capaz de fazer nada mais, de não ser capaz de consertar as coisas".

Foi, então, que houve uma interrupção repentina na minha leitura.

– Mamãe! Você não quer pegar jacaré? –, perguntou Peter da água.

– Hoje não, querido, estou amando este livro.

Self concorda em assumir um novo caso, ajudando o diretor de um banco a descobrir a identidade verdadeira de um de seus parceiros secretos. A busca segue por caminhos inesperados, voltando ao tempo do confisco das propriedades judias pelos nazistas e avançando novamente para a luta atual de uma Alemanha reunificada, com seus problemas do ressurgimento de neonazistas e da integração dos alemães orientais à mentalidade e cultura ocidental.

Por fim, Self resolve o mistério da identidade do parceiro e ao mesmo tempo descobre um plano de fraude e ladroagem que gerou uma série de assassinatos. Mas ele não pode provar o que sabe sobre os assassinatos e o perpetrador nunca tem de pagar por seus crimes.

Self se sente traído. Ele resolveu o caso dos assassinatos, mas lhe negaram a satisfação de fazer justiça. Self acaba entendendo que sua própria sanidade depende de aceitar algo que ele é incapaz de mudar: "Percebi que cabia a mim decidir se eu interpretaria o fim injusta e insatisfatoriamente e sofrer por conta disso ou decidir se isso, e apenas isso, era o fim adequado".

Sabedoria de um livro policial, descoberta numa praia. E uma nova compreensão sobre o funcionamento do universo. Não podemos controlar os eventos ao nosso redor, mas somos responsáveis por nossas reações a esses eventos. Eu era responsável por como reagi à morte de minha irmã. Depois de passado o choque inicial de perdê-la e o período seguinte de luto, eu podia escolher como reagir.

Passei a prestar atenção ao que estava acontecendo ao meu redor na praia. Michael, que tinha um saudável medo das ondas depois que um acidente resultou numa visita à emergência do hospital e vinte pontos na boca, estava construindo um castelo na areia, enquanto Martin cavava o fosso e o canal que o conectava à água. Peter e Jack estavam pegando jacaré e George estava sentado ao meu lado, lendo. Marvin e Dorothy, a mulher que viria a se tornar sua esposa, estavam caminhando pela praia.

Peter saiu correndo da água.

– Tem alguma coisa para beber, mamãe?

– Estou faminto –, gritou Michael. Virei-me para o isopor e de lá tirei algumas garrafas de água e cachos de uva.

– A que horas vamos embora? –, perguntou George, que nunca gostou de ficar exposto ao calor e ao sol.

– Para mim, a qualquer hora –, respondi.

A qualquer hora, qualquer coisa estava boa, tudo estava bem. Minha reação cabia a mim. O fim adequado é determinado por como uma pessoa usa o que a vida lhe dá e não *pelo que* a vida lhe dá.

Mas e quanto ao que a vida tira? Como viver com a perda da minha irmã? Como viver? Essas respostas também estavam totalmente em minhas mãos.

Livros policiais me dizem que existe ordem no universo. E eu acredito que haja mesmo. Mas um bom livro do gênero também mostra que, para algumas perguntas, não há resposta. Também sei que isso é verdade. Todos nós enfrentamos mistérios – *Por que aquilo teve de acontecer?* – que jamais seremos capazes de entender. Mas podemos e conseguimos encontrar ordem em algum outro lugar, seja em nossos livros, nossos amigos, nossa família ou nossa fé. A ordem é definida por como vivemos nossas vidas. A ordem é criada por como reagimos ao que a vida nos dá. A ordem é encontrada quando se aceita que nem todas as perguntas podem ser respondidas.

Naquela bela tarde de agosto, reclinei-me na minha poltrona de praia e analisei onde estava. Admirando o oceano cintilante sob um céu azul. Crianças perto de mim na areia, Jack ainda brincando nas ondas, Marvin e Dorothy agora voltando por sobre as dunas. Eu estava me saindo bem. Estava criando ordem, seguindo as lições aprendidas nos livros no quais mergulhava dia após dia. Meu ano de leituras mágicas estava provando ser um fim adequado para minha avassaladora dor e um início sólido para o restante da minha vida.

19

Descobrindo o sentido da vida na bondade

Atos de gentileza demonstram, do modo mais claro possível, que somos animais vulneráveis e dependentes que não têm recurso melhor do que um ao outro.

Adam Phillips e Barbara Taylor
On Kindness

No início de setembro, minha enteada, Meredith, ligou de Londres. Ela se mudara para a Inglaterra há oito meses, mas o futuro planejado com o namorado não estava dando certo. Na madrugada de quinta-feira, atendi ao telefone e a ouvi do outro lado da linha, chorando e emocionada. Jack pegou o telefone da minha mão e disse a Meredith para pegar um avião de volta. Ele perguntou um "Tudo bem?" para mim e eu concordei.

O que mais poderia fazer? Como reagir ao desespero se não com gentileza e um lugar para viver e ser protegida por quanto tempo ela quisesse? Meu primeiro impulso é oferecer consolo e conforto, por menores que fossem, a qualquer pessoa triste e confusa. Eu não podia resolver o problema de Meredith. Mas podia observar seu sofrimento e servir de companhia durante aquele momento difícil.

Na história em quadrinhos *Cicatrizes*, o escritor David Small conta sua infância. Seus primeiros anos vivendo com uma mãe deprimida, um pai ausente e passando verões com uma avó psicótica foram marcados por abuso verbal e total falta de afeto físico. Assolado por um câncer na garganta, causado pela radiação aplicada por seu pai para curar seus problemas respiratórios, Small ficou literal e figurativamente mudo por anos. Ele se voltou para a arte para se expressar. Por meio de sua arte ele também foi capaz de encontrar alívio da tristeza predominante em sua casa. Uma página de *Cicatrizes* mostra um jovem Small absorto em seu bloco de desenho, mergulhando numa página e entrando num mundo com suas próprias criações, um mundo seguro, todo seu e onde ele podia estar a salvo da família.

Somente na adolescência é que um adulto finalmente notou a solidão de Small e se pôs a ajudá-lo. Esse homem, um terapeuta, mostrou a Small a gentileza e compaixão que o menino não teve durante toda a vida. "Ele me tratou como seu filho preferido", escreve Small. "Ele realmente se importava comigo." Esse adulto carinhoso e o santuário da sua arte levaram Small a superar a tristeza da infância e a conquistar uma vida cheia de satisfação.

Em *On Kindness*, de Adam Phillips e Barbara Taylor, os autores argumentam que a gentileza é a natureza humana. "A história nos mostra muitas expressões do desejo da humanidade de se conectar, desde celebrações clássicas de amizade, passando por ensinamentos cristãos sobre o amor e a caridade, até as filosofias do bem-estar do século XX." Phillips e Taylor acreditam que, ao amenizarmos a dor alheia – acabando com seus medos e alimentando suas esperanças – nós nos fortalecemos. E quando essa mesma gentileza nos é retribuída, prosperamos, nossos próprios medos diminuem e nossas próprias esperanças se reavivam. "Gentileza... cria um tipo de intimidade, um tipo de envolvimento com outras pessoas que ao mesmo tempo tememos e ansiamos... gentileza, fundamentalmente, torna a vida digna de ser vivida".

Meus quatro filhos ficaram entusiasmados quando a irmã deles, Meredith, voltou para casa. Eles não perguntaram por que ela estava deixando Londres nem a interrogaram quanto às circunstâncias da sua mudança de vida. Na verdade, a única coisa que eles perguntaram foi se o nome dela seria incluído no rodízio da lavagem da louça. Sim, seria. Nada como afazeres e rotina para fazer com que a pessoa volte ao normal. Na noite de sexta-feira, Jack pegou Meredith e suas duas enormes malas no aeroporto JFK e a trouxe até Westport. Todos nos acomodamos, sete pessoas em casa novamente.

Eu espero gestos de gentileza dentro da minha família, demonstrações físicas e verbais de aceitação e apoio de um familiar a outro. Temos nossos momentos de rixas entre irmãos (e pais), mas, apesar disso, nosso lar é um lugar onde todos podem ser exatamente o que são e esperamos ser amados justamente por isso. É esse fundamental amor incondicional que torna a família um refúgio e a casa da família um lugar para se voltar em busca de conforto e paz ao fim de um dia de escola ou de trabalho – ou depois que um namorado e o futuro planejado em torno dele dão errado.

Fora da unidade familiar, minha experiência é que a gentileza entre amigos, conhecidos e até mesmo estranhos é a regra e não a exceção. Depois da morte da minha irmã, fiquei impressionada por demonstrações de gentileza de amigos. Pessoas escreveram cartões, prepararam jantares, compraram flores. Uma amiga plantou um pé de lilás no meu jardim, colocando-o de modo que eu pudesse vê-lo sempre que estivesse na cozinha. O arbusto cresceu e, na primavera, fica carregado com flores perfumadas e escuras. Eu penso em Anne-Marie sempre que vejo as flores e penso na minha amiga Heather, que a plantou para mim.

Cresci em meio a histórias de generosidade e compaixão. Algumas famílias vivem em meio a histórias de guerra sobre valores morais e bravura, enquanto outras famílias tiram forças de um passado pioneiro e de dificuldades. Na minha mitologia familiar, a gentileza é a maior força. Havia histórias de gentileza nos tempos de guerra, como a do casal de Regensburg que, depois de perder seus três filhos na guerra, aceitou que meu pai vivesse com eles; ou como, depois da guerra, toda a população da cidadezinha da minha bisavó, nos arredores de Antuérpia, saiu para exigir que penicilina fosse entregue ao médico local. Em poucos dias, um comboio de soldados norte-americanos entregou o medicamento e a morte certa por um simples dente purulento foi evitada.

Havia histórias engraçadas também. Uma das responsabilidades do meu pai quando jovem era pastorear os cordeiros da família nos campos pela manhã. Certo dia, enquanto cuidava de um animal, meu pai foi mordido na perna por um cachorro vadio. Foi uma mordida profunda e meu pai começou a sangrar. Uma velha anciã se aproximou dele e se ofereceu para ajudar. Meu pai se sentiu grato pela oferta. Sua perna doía e o sangramento não parava. Então, a velha explicou *como* ela podia ajudar. Ela levantaria a saia e, agachando-se sobre a perna mordida, urinaria na pele para desinfetar a ferida. Ela acenou para um grupo de meninos que surgiram nas colinas, todos amigos do meu pai. Ele não os vira chegando.

– Posso fazer xixi em você, mas com os outros meninos por perto, talvez você prefira que eu não faça isso.

Meu pai fez que sim.

– Então, corra para casa e lave sua perna com sabão. Vá!

A anciã foi gentil de duas maneiras, urinando e não urinando, e meu pai fez sua escolha. Ele ainda tem a cicatriz daquela mordida em sua perna. Mas, do modo como ele explica, se seus amigos o tivessem visto sendo urinado por uma velha local, as cicatrizes mentais teriam sido muito piores.

Minha avó na Bélgica começou uma campanha de caridade durante a guerra. Seu objetivo? Cerzir as meias das famílias que não tinham empregadas durante o conflito. Depois da guerra, ela devotou suas costuras às "crianças pobres do Congo". Porque crianças vivendo no calor da África Central precisariam de meias era algo que eu não compreendia, mas seu coração estava no lugar certo e sua mente estava, inconscientemente, tentando, de algum modo, compensar os horrores que o rei Leopoldo II impusera enquanto governara o Congo Belga.

Essa mesma avó foi a única na família a receber um primo que abandonara a África, onde trabalhava como missionário, e de lá voltara como marido de uma negra e pai de três crianças mestiças. "Todo amor é sagrado", era a filosofia da minha avó, e ela ajudou a família a se estabelecer no interior da Bélgica.

A filosofia do meu tio George era manter os entes queridos alimentados a qualquer custo. Na Alemanha do pós-guerra, era difícil encontrar comida. O tio George manteve meu pai bem alimentado apesar da escassez. Ele trabalhava na cozinha do exército norte-americano e roubava salsichas e presuntos para meu pai, alimento que o manteve vivo até que se matriculasse na Universidade de Regensburg e passasse a viver com o casal alemão. Mesmo depois, meu tio continuou levando comida para meu pai dividir com sua nova família, como um agradecimento pelo casal estar cuidando dele.

O tio George trabalhou para os norte-americanos por mais trinta anos, chegando a cozinheiro-chefe numa base americana perto da fronteira tcheca. Ele foi dispensado depois que os americanos o surpreenderam roubando salsichas para seu almoço de domingo. "Mas eu roubo salsichas há trinta anos!", ele explicou.

Os norte-americanos queriam ficar com ele – ele era um ótimo cozinheiro, um cara alegre e bom para todos –, mas regras eram regras. Assim, tio George começou a trabalhar num restaurante de um vilarejo, um bar que rapidamente se tornou o preferido de todos os soldados de folga, incluindo os homens que o haviam demitido da cozinha da base. Minhas irmãs e eu entendíamos a lição: a generosidade, às vezes, existe à margem da lei, mas, no fim, a generosidade supera até mesmo os mais ferrenhos defensores da lei.

Eu queria fazer alguma coisa para mostrar a Meredith que eu me importava com ela e me importava com o que lhe acontecera. Mas ela não tinha feridas à mostra que precisassem ser desinfectadas nem meias que precisassem ser cerzidas. Eu não era de rezar, mas tentei preparar seus pratos preferidos no jantar, fritando uma ou duas salsichas em homenagem a tio George. Em *On Kindness*, os autores afirmam que "atos de gentileza demonstram, do modo mais claro possível, que somos animais vulneráveis e dependentes que não têm recurso melhor do que um ao outro". Eu queria ser uma fonte de recursos para Meredith, mas de que tipo? *On Kindness* fala muito do instinto que existe entre pais e filhos: "Entre pais e filhos... a gentileza é esperada, encorajada e até mesmo obrigatória". Mas eu não era mãe de Meredith, não era sua amiga, não era sua tia nem avó, não era sua babá ou professora.

Meredith e eu nem sempre tivemos uma relação das mais fáceis. Ela era a filha única de Jack e eu era a segunda esposa de gênio forte. Houve várias ocasiões em que entramos em conflito. Uma das primeiras vezes que Jack, Meredith e eu saímos juntos foi numa viagem dominical até Bear Mountain, uma reserva natural perto de Nova York. Outubro estava no fim e as árvores estavam quase nuas, mas a temperatura era agradável com o céu claro e o sol brilhando no alto. Passamos o dia fazendo coisinhas de criança – brincando no parquinho, caminhando ao redor da lagoa e brincando de pega-pega nos gramados do parque.

No caminho de volta para a casa de Meredith, em Nova Jersey, onde ela vivia com a mãe, Meredith começou a reclamar que tinha de se sentar no banco traseiro.

– Você acha que deveríamos simplesmente deixar a Nina aqui, Meredith? –, perguntou Jack. – E colocar você no banco da frente?

Estávamos na autoestrada 9 na ocasião, em algum lugar perto dos subúrbios do condado de Bergen. A noite havia caído e a temperatura também.

– Sim, papai. Deixe-a aqui.

Jack riu e diminuiu a velocidade do carro.

– O que você está fazendo? –, perguntei.

Jack piscou para mim.

– Tem certeza, Meredith? Está horrivelmente frio e é uma caminhada muito, muito longa até a cidade.

– Faça isso, papai. Ela vai ficar bem.

Jack não fez nada disso. Ele acelerou novamente e nós dirigimos até a casa da mãe de Meredith.

Acho que o melhor modo de definir nossa relação é dizer que sou a amiga mais velha de Meredith. Eu a conheço desde os seis anos, viajei e convivi com ela. Amávamos gatos e cavalos, vinho tinto e chocolate. Ela me dava apoio quando eu chorava e eu lhe dava apoio quando ela precisava de mim. Como em todas as longas amizades, nossa relação prosperou e teve momentos de dificuldades, avançou e cessou de repente e depois recomeçou. E, como acontece em todas as amizades, o recomeço sempre surge de um gesto de gentileza. No fim de semana depois da nossa viagem a Bear Mountain, deixei que Meredith se sentasse no banco da frente do nosso carro alugado. Quando Jack se mudou para o meu apartamento em Chelsea, um dia dei as boas-vindas a Meredith assando biscoitos de Natal em forma de gatos. Os biscoitos saíram do forno duros como pedra, por isso os usamos como enfeites na árvore de Natal. Fizemos um furo na parte de cima de cada biscoito com um prego (sim, eles estavam duros mesmo!) e passamos laços para pendurá-los nos galhos.

Quando Meredith se mudou para nossa casa em tempo integral, nove anos mais tarde, tolerância foi oferecida em relação à maneira como ela tratava os irmãos mais novos. Ela era extremamente paciente com eles e afetuosa. De minha parte, insisti para que Jack desistisse de nosso quarto no apartamento de dois quartos e nos mudássemos para a sala de estar. Eu sabia que Meredith precisava de privacidade e seu próprio espaço.

Treze anos mais tarde, ela precisava de espaço e privacidade e um porto seguro novamente. Eu podia fazer isso facilmente. Mas queria mais. Espera-se que haja amor entre mãe e filha. Meu amor por Meredith tinha de ser reconfirmado. Com gestos grandes e pequenos, eu queria fazer algo especial. Ofereci-me para levá-la ao torneio de tênis do Aberto dos Estados Unidos, em Queens, e ela aceitou.

– Isso significa que teremos de acordar cedo –, eu a adverti.

Todos os anos eu compro ingressos para o Aberto. Ingressos baratos significam que não há assentos reservados à minha espera. Mas se eu chegasse ao complexo às oito da manhã, esperasse na fila até a abertura dos portões às dez e depois corresse o mais rápido possível até o Grandstand Stadium (que tinha apenas lugares não reservados), eu poderia conseguir lugares na primeira fila. Se eu atropelasse algumas pessoas pelo caminho, pediria desculpas (generosidade) e continuaria em frente (determinação: afinal, aquele era o único e exclusivo Aberto dos Estados Unidos). Expliquei o plano para Meredith e ela aceitou.

Chegamos a Flushing Meadows na hora, com apenas umas pessoas na fila à nossa frente. Comecei minha leitura do dia, *Better*, de John O'Brien. Era um romance deprimente sobre sexo, bebidas e dinheiro. Com mais do que umas poucas cenas explícitas de sexo movido a álcool e devassidão integradas à trama, eu me encurvei para ler, na esperança de que não houvesse ninguém espiando sobre meus ombros. Às dez, os portões se abriram e eu saí a galope, subindo os degraus até a quadra principal, dois de cada vez, e depois descendo até os assentos da primeira fila por trás da linha de base e um pouco à direita. Meredith veio atrás de mim e sorriu.

– Estes lugares são ótimos –, ela disse.

– Sim, sim –, concordou o casal ofegante que assumiu os lugares ao nosso lado. Seus rostos estavam manchados com tinta vermelha e branca, pintados como bandeiras dinamarquesas na testa e na bochecha.

– Eles estão aqui por Caroline Wozniacki –, disse o homem que se sentara atrás de nós. – Por quem vocês estão torcendo?

Virei-me para falar.

– Quem está jogando na quadra principal hoje?

– Tommy Haas, Kim Clijsters, Wozniacki... Serena e Venus devem disputar em dupla mais tarde.

Meredith e eu olhamos uma para a outra e celebramos. As irmãs Williams? Depois Meredith saiu para pegar café enquanto voltei a ler *Better*. Ainda tínhamos uma hora antes do início das partidas.

O'Brien é mais conhecido por seu livro sobre um alcoólatra autodestrutivo em *Despedida em Las Vegas*. *Better* também fala de personagens que buscam alívio e liberdade no álcool. Um homem rico chamado Double Felix administra sua cama como um lugar aberto a alcoólatras e mulheres dispostas a trocar sexo por uma vida de privilégios. William, o narrador, é um jovem que já foi ambicioso e que foi sugado pela atmosfera narcótica da casa, aproveitando-se do álcool e do sexo sem parar. A maioria das manhãs começa com ele bebendo vodca com seu anfitrião Double Felix e bebendo continuamente ao longo do dia. O que O'Brien faz muito bem em seus romances sobre alcoólatras é expor a apatia do alcoolismo, a desistência da vida e a deterioração profunda da força de vontade. Seus personagens se inebriam para permanecerem sedados ao longo das várias etapas da autodestruição. William nunca está totalmente presente. Tudo é nebuloso por causa da bebida.

Quando William finalmente se livra do seu estado de estupor e age para salvar uma pessoa e proteger outra, fiquei impressionada. O livro mudara o ritmo dentro de mim. O'Brien estava oferecendo ao seu personagem uma oportunidade de recomeçar sua vida. Lia com um interesse renovado à medida que William aceitava aquela oportunidade, superava a apatia e se tornava um homem engajado. Ele sai do seu estado de fuga psicológica e entra num estado de esperança e possibilidades: "Parte do meu entusiasmo por qualquer rumo que minha vida esteja tomando se deve à necessidade de me expressar por todos os lugares, de todas as maneiras possíveis". A expressão é um passo na direção certa, um movimento positivo para a frente. Ele dá esse primeiro passo adiante cuidando das pessoas ao seu redor.

"Seja bom", disse Platão, "porque todos que você conhece estão travando uma dura batalha". A generosidade é uma força positiva e vigorosa para se criar uma conexão através de um mundo dividido. William está sozinho em sua embriaguez, mas quando se dispõe a ajudar a ex-prostituta que de fato se importa por ele, já não está mais sozinho. Quando fiquei devastada pela morte da minha irmã, as palavras, cartas e abraços de amigos me lembravam de que eu não estava sozinha na minha dor e sim cercada por pessoas que se importavam comigo. Quando Meredith voltou de Londres, ela encontrou os irmãos, o pai e eu com nossos braços abertos. Todas essas situações são circunstâncias diferentes, mas semelhantes no que diz respeito à bondade que une o abismo entre uma pessoa e outra.

Não há como equilibrar a balança da injustiça e não consigo encontrar uma explicação persuasiva o bastante para o porquê da doença, da morte e das dificuldades que são tão injustamente distribuídas. Mas eu realmente acho que a solidariedade, a compaixão e a servidão são respostas às consequências da dor e da tristeza. Jane Kenyon escreve em seu poema "Killing the Plants": "Eles continuarão dando dádivas aos pobres: ar doce, flores milagrosas e exemplos de persistência". Generosidade é persistência. Ela demonstra uma inabalável vontade de responder às perguntas sem respostas sobre tragédias e perdas. Diante das dificuldades, a compaixão funciona como uma carga de alívio. Nem mesmo os gestos de maior generosidade podem trazer Anne-Marie de volta para mim, mas cada gesto gentil de carinho alivia o peso da batalha, alivia meu fardo e me dá força para suportar a dor.

Agora, era minha vez de dar a Meredith a força e a persistência do meu apoio e carinho. Eu lhe dei um dia longe dos problemas, um dia sem que ela pensasse no futuro. Dei a nós duas um belo dia de sol que passamos bebendo limonada, assistindo a partidas de tênis, rindo e torcendo com a multidão. As irmãs Williams jogaram, ganharam e nos entusiasmaram com suas exibições. Kim Clijsters e Wozniacki ganharam. Não me lembro se Tommy Haas ganhou, mas quem se importa: ele era lindo. Meredith e eu rimos juntas quando ele trocou a camiseta, expondo seu peito bronzeado.

Ao longo dos anos, o incidente entre mim, Meredith e Jack na volta para casa depois da tarde em Bear Mountain, quando Meredith quis que eu fosse deixada na estrada, tornou-se uma piada familiar. Mas acho que a essência da história é séria. A questão é quem deve ser mantida em segurança dentro do carro e quem pode ser abandonada. Quem será tratada com gentileza e quem será deixada sozinha na estrada. Eu quis tranquilizar Meredith, na ocasião e agora, que a bondade é uma força e que gestos de generosidade são fios passados entre as pessoas a fim de formarem uma rede de segurança. Queria que ela soubesse que sempre terá um lugar no carro, na casa e na família. E bons lugares no Aberto, se ela estiver disposta a acordar cedo e correr por eles.

20

DESCENDO DA MOTO DE LOULOU

Leia qualquer coisa, desde que você não possa esperar para recomeçar a ler.

Nick Hornby
Housekeeping vs. the Dirt

Meu ano de leituras estava chegando ao fim. – Você deve estar pronta para simplesmente relaxar –, me disse uma amiga.

Mas eu estava mesmo relaxada. Um ano de prazer me fora propiciado. Um ano de livros. Por mais complicados que alguns aspectos da minha vida tenham se tornado, o transporte, a cozinha e a lavagem das roupas sujas, ler meu livro diário foi sempre uma felicidade. Não fiquei doente nenhum dia durante todo meu ano de leituras. Banhada em prazer, eu estava imune às doenças. Pessoas que não me conheciam bem me disseram que eu abandonaria os livros assim que o ano começasse a exigir. Aha! Eu estava completamente absorta no prazer da leitura.

Felicidade literária, criada por bons textos. Se eu não gostasse de um livro nas primeiras dez páginas, mais ou menos, eu o deixava de lado e escolhia outro da minha prateleira de livros à espera. Como Nick Horby me aconselhou há muito tempo, em fevereiro, em seu livro *Housekeeping vs. the Dirt*: "Um dos problemas, me parece, é que temos em mente que os livros têm de ser algo difícil e que, a não ser que sejam difíceis, não nos fazem bem algum". Mas todos os livros que li, os difíceis e os fáceis, me fizeram bem, muito bem. E me deram prazer, muito prazer.

Eu não precisava de alta literatura para me manter presa a um livro. Eu só precisava de uma boa história, personagens interessantes, um pano de fundo interessante. Claro, eu amei a literatura profundamente emocionante de Paul Auster, Muriel Barbery e Chris Cleave, mas a satisfação também me foi dada em produtos mais simples. Como a série do Clube Filosófico Dominical escrita por Alexander McCall Smith. Apaixonei-me por Isabel Dalhousie, a protagonista da série de McCall Smith, e minha fascinação por ela bastou para me manter na minha poltrona, lendo suas aventuras mais recentes na Edimburgo atual.

Isabel é extremamente reflexiva e boa, mas também é capaz de momentos de impaciência e ciúme. Ela se interessa por arte e música, mas demonstra ainda mais curiosidade pela personalidade dos artistas, músicos e qualquer pessoa que ela conheça. Ela se sente obrigada a ajudar os outros e a se conectar com os outros, mas não é insistente. Bastante disposta a expressar suas próprias opiniões de maneira enfática, ela também tem a mente aberta o suficiente para mudar de opinião quando se vê diante de argumentos convincentes. Ela é inteligente, divertida e, apesar de sua seriedade quando se trata de questões de filosofia moral, ela nunca se leva a sério demais. Isabel não é necessariamente uma personagem muito real ou profunda – assim como não são os demais personagens dos livros de Smith – mas ela é agradável, atraente, uma pessoa bondosa, inteligente, otimista e uma heroína cheia de compaixão.

Também me senti atraída pelo estilo de vida de Isabel. Eu assumiria facilmente o cargo de faxineira em tempo integral na casa dela; sua casa aconchegante com livros e obras de arte; seu jardim luxuriante com uma raposa e azaleias superdesenvolvidas; seu trabalho editando um jornal dedicado à filosofia da ética aplicada (isto é, quando e como ser uma boa pessoa); e seu dinheiro. Ela tem uma fortuna, dinheiro o bastante para viver confortavelmente, mas não tanto a ponto de se tornar um fardo.

Li a mais recente criação de McCall Smith, *The Lost Art of Gratitude*, no primeiro dia de outubro. Misturando uma trama sobre fraude financeira, plágio e a relação instável entre um pai e seu filho, McCall Smith faz com que Isabel discuta a natureza da gratidão, como quando ela reconhece que o local de nascimento "determina o que somos... uma cultura, uma linguagem, um conjunto de genes que determinam o biótipo, a altura e a suscetibilidade às doenças", e que devemos nos sentir gratos pelas oportunidades que nosso local de nascimento nos propiciou. Eu concordava com suas ponderações que afirmavam que se esperava muito mais das pessoas a quem foi dado saúde, dinheiro e segurança.

Tais reflexões não eram originais de Isabel nem foram atribuídas primeiramente ao apóstolo Lucas ou mais tarde reformulados por JFK. Certas ideias são repetidas e McCall Smith é um mestre quando se trata de reformular aforismos e máximas pela boca de seus personagens atraentes e prazerosos, reforçando, assim, a durabilidade e a vitalidade dos ditos antigos. Terminei o livro me sentindo muito satisfeita, moralmente repreendida e preparada para pagar um preço mais alto por ser abençoada.

Meu mês prosseguiu como os anteriores: mais livros sóbrios contrabalançados por livros mais leves, livros policiais juntamente com romances de formação, reflexões sobre a meia-idade ou o fim da vida combinando com literatura infantojuvenil, gótica ou *noir*, se contrapondo a memórias e ensaios. Li contos e romances extensos, narrativas pessoais e ficção científica. Encontrei prazer em tudo isso.

Eu me regozijei nas palavras finais do prólogo de *Bombay Time*, de Thrity Umrigar e virei as páginas ansiosamente para absorver mais e mais: "Um dia, um dia. Uma urna prateada de promessa e esperança. Outra oportunidade. Uma reinvenção, uma ressurreição, uma reencarnação. Um dia. A menor e a maior parcela de nossas vidas". Arrepiei-me, fiquei tensa e atenta ao ler as impressões lúcidas da natureza em *The Peregrine*, de J. A. Baker: "À medida que suas asas subiam e desciam, ela voava mais rápido. E depois mais rápido, com todo o seu corpo plano e comprimido. Curvando-se num arco esplêndido, ela mergulha na terra... Vi campos surgindo rapidamente atrás dela; depois ela passou pelos olmos, cercas vivas e casas das fazendas. E eu fiquei sem nada além do vento, do sol oculto, meu pescoço e pulsos frios e rígidos, meus olhos secos e a glória perdida".

Minha esperança aumentou graças às palavras do personagem principal de *How to Paint a Dead Man*, de Sarah Hall, uma conclusão avassaladora e animadora de um personagem que, durante muito tempo, contemplara apenas a morte: "O mundo pode acomodar sua situação, assim como acomoda todas as situações. E seu corpo continuará explicando como tudo funciona, este experimento original, esta dádiva para toda a vida. Seu corpo continuará descrevendo como, ao menos durante a vida, não há escapatória deste vaso em específico. Estes são seus átomos. Esta é sua consciência. Estas são suas experiências – seus sucessos e fracassos. Esta é sua primeira e última chance, sua única biografia. Este é seu invólucro existencial, a tigela da sopa da sua vida, dentro da qual qualquer coisa pode fazer sentido, dentro da qual há cura, dentro da qual está você".

Passei um ano misturando a tigela da sopa da minha vida, preparando uma refeição, buscando cura e me descobrindo. E, acompanhando-me nas refeições, estava o estoque sempre cheio de livros. Afinal, um dos prazeres mais simples que conheço é se sentar e comer com um livro ao meu lado, devorando palavras e comida. Durante ao menos uma refeição por semana, deixo que meus filhos tragam um livro para a mesa e leiam enquanto comem. Uma refeição e um prazer compartilhados.

A primeira casa que Jack e eu oficialmente dividimos foi um apartamento de dois quartos no quinto andar de um prédio sem elevador no Upper East Side. Poucos meses depois de nos mudarmos, precisei fazer uma importante cirurgia no joelho (subir os cinco andares de escada era apenas parte do problema). Depois da cirurgia, fiquei de cama por quase três semanas e presa a uma máquina que mantinha minha perna esquerda em constante movimento. Não podia sair do apartamento e, por causa dos analgésicos que estava tomando, não tinha apetite e estava impedida de beber. Não podia passear com Jack por causa da maldita máquina que me atrapalhava. Mas podia ler. Na época, durante dias e mais dias, tudo o que fiz, o dia inteiro, foi ler. Descobri *The Woman Lit by Fireflies*, de Jim Harrison; li John Cheever, Tolstói, Barbara Kingsolver e experimentei os suspenses emocionantes de Elizabeth George e os mistérios aristocráticos de Antonia Fraser. Atravessei *The Quincunx*, de Charles Palliser, um presente de Anne-Marie.

Depois de aproximadamente uma semana de recuperação, minha perna inchou e ficou do tamanho de um tronco de árvore (sequoia) e o médico me disse para ir até a emergência "agora!" – isto é, imediatamente. Jack estava fora da cidade, a negócios, e não havia como descer cinco andares de escada sozinha. Liguei para Anne-Marie, que morava a apenas quatro quarteirões, e lhe pedi para me ajudar e me levar ao hospital.

– Já estou indo –, ela prometeu.

– Ah, Anne-Marie, posso lhe pedir uma coisa?

– Sim, sim, qualquer coisa.

– Você pode passar na livraria? Eles reservaram o novo livro de contos de David Leavitt, *Places I've Vever Been* para mim.

Por sorte, eu morava a meio quarteirão de uma das melhores livrarias de Nova York e os vendedores me forneceram, nos dias anteriores, um suprimento regular de material de leitura.

– Nina, temos de ir ao hospital! Você pode ter uma gangrena – isto é sério.

– Sim, mas preciso de alguma coisa para ler enquanto estiver lá.

Assim Anne-Marie pegou o livro para mim e me levou de táxi até o hospital da Universidade de Nova York e tudo ficou bem. Minha perna desinchou, o livro foi lido e eu fiquei feliz.

Depois de mais duas semanas, pude voltar para o trabalho, mas não estava tão feliz. Não que eu não gostasse do meu trabalho. Eu trabalhava para o Departamento Jurídico de Recursos Naturais, onde trabalhava em casos envolvendo sistemas de esgoto e onde era apelidada de "rainha do lixo". Como não amar um trabalho como esse? Mas eu percebi que, agora que estava voltando ao trabalho, meus dias de horas ininterruptas de leituras estavam chegando ao fim. Consolei-me com a ideia de que tinha muito tempo no ônibus (não havia como descer as escadas das estações de metrô usando muletas) e eu podia ler a caminho do trabalho e na volta para casa.

Agora, com quarenta anos, eu havia voltado a mergulhar na rotina diária de horas gastas em leituras. Mas havia acrescentado uma nova prática à rotina. Eu escrevia sobre o que lia e conversava sobre livros com qualquer pessoa que quisesse conversar comigo. Ao compartilhar ideias e reflexões sobre o que eu estava lendo, descobri uma nova e importante satisfação nos livros: discuti-los.

Há alguns anos, em 1989, a revista *New Republic* publicou um comentário escrito pelo autor e crítico Irving Howe. Howe lamentava o abismo entre a crítica literária e o público leitor, que ele chamava de "o leitor comum". Ele escreveu que os críticos literários simplesmente não se importavam com as tendências do "leitor comum".

Escrevi uma carta respondendo ao texto de Howe, na qual eu dizia que, como uma leitora comum, eu tampouco me importava com o que os críticos literários tinham a dizer. Eles e suas críticas não tinham nada a ver com os livros que eu gostava de ler. Quando e se eu discutia livros, não era para discutir tendências no estilo narrativo ou as mais recentes críticas textuais. Ao contrário, "é conversa fiada, do tipo 'o que está acontecendo com seus vizinhos?' Amamos nossos livros e amamos as pessoas reais que os habitam".

Em minha carta, fiz referência a um antigo filme de François Truffaut, *Loulou*, estrelado pelo jovem Gerard Depardieu no papel-título. Loulou é um belo jovem, motociclista e ladrão, pelo qual uma bela mulher abandona seu namorado mais velho e educado. Na garupa da moto, correndo com Loulou, o homem mais velho grita: "Mas você não pode nem mesmo conversar sobre livros com ele!". Ela responde com desdém: "Leio livros, mas não preciso conversar sobre eles".

Para minha surpresa, a *New Republic* publicou minha carta. E para minha surpresa maior ainda, conheci Irving Howe no outono seguinte, no consultório do meu fisioterapeuta. Eu estava lá fazendo reabilitação no joelho e ele era um velho tentando manter seus membros e articulações funcionando. Apresentei-me.

– Eu a conheço? –, perguntou ele, seus olhos espremidos atrás dos óculos.

– Escrevi a carta sobre ser uma leitora comum na *New Republic.*

Ele pigarreou.

– Então, acho que não conversaremos sobre livros. Apenas espero que você sempre continue lendo.

Dizendo isso, ele se voltou para sua bicicleta ergométrica. Nunca mais o vi.

Eu estava certa sobre amar meus livros, mas estava enganada quanto a não precisar conversar sobre eles. Eu não era como aquela jovem mulher em *Loulou.* Eu precisava conversar sobre livros. Porque conversar sobre livros me permitia conversar sobre qualquer coisa com qualquer pessoa. Com família, amigos e até com estranhos, que entraram em contato comigo por meio do meu *website* (e que se tornaram amigos), quando discutimos nossas leituras o que estamos discutindo, na verdade, é nossa vida, nossa opinião sobre tudo, desde a tristeza até fidelidade, passando pela responsabilidade, de dinheiro a religião, de preocupações e embriaguez, de sexo a roupas sujas e vice-versa. Nenhum assunto era tabu, desde que pudéssemos ligá-lo a algum livro que lemos, e todas as reações eram permitidas, formuladas em termos de personagens e suas situações.

No último dia do meu ano de leituras, li *Spooner*, de Pete Dexter. *Spooner* conta a história de dois homens, Calmer e Spooner, unidos pelo amor de uma mulher amargurada e difícil. Calmer é um homem reservado, paciente e trabalhador. Seu enteado, Spooner, é impaciente, desleixado e impulsivo. Calmer ensina a Spooner que todas as pessoas são apenas uma "parte da história" e ao entender o papel que Spooner interpreta ele pode entender todas as coisas importantes, incluindo como trabalhar, ensinar e amar. Quando Spooner se vê num improvável papel de romancista, é o exemplo de Calmer que ele segue: "Havia duas coisas que Spooner sabia sobre escrever e a primeira é que você não pode fingir se importar. A outra, se é que você está interessado, é que ninguém quer ouvir sobre o que você sonhou na noite passada".

Muito divertido, interessante e comovente; li *Spooner* com prazer. Mas também descobri uma instrução nesse último livro. Entendi que estava "no mundo... como parte da história" de todos ao meu redor. Meu projeto de um livro por dia afetou não apenas minha vida, mas também a vida de todos com quem compartilhei minhas leituras. Espalhei a alegria de ler graças à discussão dos livros, assim como os escritores criaram a alegria ao escrevê-los. Que dádiva, compartilhar a felicidade, o consolo e a sabedoria! Tudo que compartilhei, descobri antes simplesmente sentando na minha poltrona roxa, lendo um livro.

Mas havia ainda mais uma lição a ser aprendida e mais uma parte da história para ser contada.

21

Tolstói e minha poltrona roxa

Aconteceu alguma coisa que não foi notada por ninguém, mas que era mais importante do que tudo o que fora exposto.

Liev Tolstói
Nota falsa

Meu pai passou dois anos, dois meses e dois dias num sanatório. Ele tinha vinte e quatro anos de idade no dia em que entrou e vinte e seis quando saiu. Enquanto viveu e estudou em Regensburg, na Alemanha, ele fora aceito na faculdade de medicina da Universidade de Leuven, na Bélgica, recebendo uma vaga como bolsista. Como parte do processo de matrícula, todos os pretendentes a estudantes tinham de passar por um exame físico. Exames de raios-X do peito do meu pai mostraram manchas em seus pulmões, uma umidade que indicava que meu pai tinha tuberculose. Sua tuberculose era resquício da guerra, uma doença provavelmente contraída quando ele vivia num campo de refugiados no sul da Alemanha. Os médicos que o examinaram na Bélgica disseram ao meu pai que podiam lhe arranjar um modo de sair da atmosfera de Leuven para o ar saudável nas montanhas de Eupen. A faculdade de medicina teria de esperar.

Eupen era uma cidade bucólica localizada entre campos e florestas perto da fronteira entre a Bélgica e a Alemanha. O sanatório ficava num enorme prédio de pedra construído num penhasco com vista para as colinas e vales ao redor. Durante os primeiros dois meses que meu pai passou no sanatório, ele ficou confinado à cama num quarto que dividia com outro paciente. Depois que sua saúde melhorou, ele pôde se juntar à rotina do sanatório, uma sucessão monótona de refeições, eventos sociais e descanso. Pela manhã, conversava e lia. Depois de um farto almoço, meu pai passava as tardes descansando numa cama instalada a céu aberto nas varandas do hospital, juntamente com dúzias de outros pacientes em camas semelhantes. Os pacientes descansavam sob cobertores quentinhos de lã, sob o sol e as brisas medicinais que desciam pelas colinas de Hohes Venn, ao sul, e de Aachener Wald, ao norte.

Meu pai não conhecia ninguém no sanatório, mas aos poucos fez amigos entre os estranhos. Um amigo da Polônia ensinou meu pai a jogar xadrez e os dois jogavam durante horas na varanda. Outro amigo, este da Bélgica, ajudou meu pai com seu francês. Juntos, meu pai e Charles deVries, liam romances em voz alta e Charles ajudava meu pai com sua pronúncia. Meu pai ainda se lembra de ter aprendido a pronunciar a palavra "pince-nez" lendo *Ladrões da noite*, de Arthur Koestler.

Alguns dos pacientes do sanatório morreram por causa da tuberculose. A maioria, como meu pai, melhorou e sobreviveu. Eles melhoraram como jogadores de xadrez,comiam fartas refeições de alimentos nutritivos, descansavam depois do almoço na varanda e dormiam cedo. Alguns pacientes eram tratados com antibióticos, outros, doentes menos sérios como meu pai, eram tratados com ar bombeado diretamente para dentro de seus pulmões para provocar um colapso pulmonar. Sem oxigênio, a bactéria morria. O colapso permitia que o pulmão se reativasse como um computador reiniciado.

Em 1951, meu pai foi considerado saudável e liberado do sanatório. Ele voltou a Leuven e à faculdade de medicina. Certa noite, durante uma aula de teologia e filosofia, meu pai viu minha mãe. Enquanto o professor falava sobre São Tomás de Aquino, meu pai desenhou o perfil da minha mãe em seu caderno. Depois da aula, meu pai se aproximou da minha mãe e se apresentou. Meus pais deixaram a sala de aula juntos e foram até um café ali perto para jogar pingue-pongue. Seis anos mais tarde, eles se casaram e, sete anos depois, Anne-Marie nasceu.

O tempo que meu pai passou no sanatório de Eupen foi uma pausa em sua vida, uma interrupção de atividade entre a guerra e a paz. Foi o hiato entre o assassinato de sua irmã e seus irmãos, sua separação à força dos pais e da sua cidadezinha, seus meses como soldado e refugiado, e a parte seguinte de sua vida, a parte na qual ele conheceu minha mãe, mudou-se para os Estados Unidos e deu graças ao nascimento, uma a uma, de suas três filhas. A segunda parte da sua vida talvez não tivesse acontecido sem a intervenção dos dois anos, dois meses e dois dias que ele passou no sanatório. O tempo que ele permaneceu lá foi seu período de salvação não apenas da tuberculose, mas também dos ferimentos causados pela guerra. Ele aprendeu a jogar xadrez e a descansar despreocupadamente no mundo numa varanda sob o céu azul. O tempo que passou cuidando de seus pulmões foi também o tempo que ele passou se preparando para o restante de sua vida, um fortalecimento do seu corpo e da sua alma para as maravilhas que estavam por vir.

Meu pai ainda joga xadrez quase todos os dias no Central Park, em Nova York. No apartamento dos meus pais, ele geralmente tem um jogo em andamento no tabuleiro instalado na sala de estar, um jogo que ele joga consigo mesmo. Durante nossa infância, meu pai jogava xadrez depois do jantar, marcando os movimentos num quadro em seu estúdio. Durante o dia, ele jogava xadrez na sala dos médicos do hospital, entre operações e visitas aos pacientes. Eu me lembro de acompanhá-lo numa manhã de sábado e assistir a uma multidão de médicos que se reunia ao redor do meu pai e de outro médico que disputavam uma partida de xadrez. "Seu pai, ele é bom", um dos médicos me disse.

Eu sabia disso. Ele aprendera com grandes jogadores, como o paciente polonês que esperava os dias passarem junto com meu pai há vários anos no sanatório de Eupen.

Na novela *Nota falsa*, Tolstói examina as reviravoltas na vida de uma pessoa e o impacto que uma pessoa pode ter na vida de outra. A história começa com um pai, Fiedor Mihailovich Smokovkikov, tendo um dia ruim no trabalho. Ele chega em casa e desconta o mau dia na família, primeiro se recusando a dar a seu filho, Mitia, o dinheiro que ele precisava para pagar um empréstimo e depois agindo grosseiramente durante o jantar. "O trio terminou o jantar em silêncio, levantou-se da mesa e se separou sem dizer nada".

A incapacidade de Fedor de emprestar ao filho a quantia necessária, um gesto aparentemente menor na totalidade da vida de Fedor, resulta numa sucessão de ações e reações que afetam vários personagens. Mitia frauda uma nota de pagamento (semelhante a um cheque) para conseguir o dinheiro de que precisa para pagar ao amigo. Quando o comerciante descobre que a nota que ele tem em mãos é falsa, ele trama uma maneira de se livrar da fraude, usando a nota para pagar por uma carga de madeira de Ivan Mironov, um camponês. Quando o camponês tenta usar a nota numa taverna, ele é jogado na cadeia. Ivan paga uma multa e, quando solto, busca fazer justiça levando o comerciante a julgamento. Mas o comerciante consegue subornar Vassily, um funcionário, para testemunhar que nenhuma madeira jamais foi comprada do camponês e Ivan é obrigado pelo juiz a pagar os custos judiciais e ir embora.

Ivan, agora empobrecido, volta-se para o crime e rouba os cavalos de Stepan Pageushkine. Vassily, o funcionário, agora certo da maldade da humanidade, passa a viver uma vida de ladroagem, até mesmo contra seu patrão, o comerciante. Mitia, depois de repassar com sucesso a nota falsa, vive uma vida de materialismo superficial. Stepan, ao descobrir que foi Ivan quem roubou seu cavalo, mata-o com uma pedrada, é enviado para a prisão por um ano e de lá sai na miséria e sem ter onde morar. Uma a uma, as consequências da fraude e da injustiça se prolongam, conectando vidas anteriormente sem ligação alguma numa sucessão de ambição, traição, desilusão, ódio e, por fim, assassinato.

A espiral descendente de ações e reações se transforma, contudo, com o assassinato de uma velhinha bondosa chamada Maria Semenovna. Pouco antes de morrer, ela adverte Stepan, seu assassino. "Tenha pena de si mesmo. Destruir a alma de alguém... e, pior, a sua própria alma!" Stepan a mata assim mesmo, mas logo que tira a faca do pescoço da vítima, ele se sente estranho, uma pessoa diferente. "De repente, ele se sente tão exausto que não conseguia sequer andar. Ele sai para a rua e lá permanece deitado pelo resto da noite e pelos dias seguintes."

Quando Stepan finalmente se ergue da sarjeta, ele vai diretamente para a delegacia e se entrega. Na prisão, Stepan começa a viver sua vida como uma forma de redenção pelas pessoas que matou. Ele é bom com os demais prisioneiros, compassivo com todos, e demonstra ter o dom da persuasão.

A partir deste ponto, *Nota falsa* se torna uma história de redenção, na qual Stepan dá início a uma sucessão de gestos de bondade. Cada gesto de bondade e generosidade realizado por um personagem é retribuído com um gesto semelhante de bondade com outra pessoa, e assim a bondade passa de um ao outro até que finalmente chega até Mitia, o filho que fraudou a nota. Mitia conhece Stepan e o ouve enquanto o homem sábio lhe conta a história de sua vida. A história da vida de Stepan transforma Mitia, que "até aquele momento, costumava passar o tempo bebendo, comendo e jogando", mas que agora muda. Ele compra uma propriedade, casa-se e se devota "aos camponeses, ajudando-os o máximo que pode". Mitia, que se isolara do pai, vai ao encontro dele para fazer as pazes com o passado. O velho Fedor, muito emocionado, percebe a bondade em seu filho e em si mesmo.

Somente no finalzinho do meu ano de leituras é que entendi a história que Tolstói conta em *Nota falsa*. Em julho, quando eu a li pela primeira vez, entendi a mensagem sobre como todos nós estamos conectados e como um único gesto provoca uma reação em cadeia de impactos e consequências. Mas agora, sentada novamente na minha poltrona roxa e me lembrando de *Nota falsa*, percebi que Tolstói estava explicando tudo o que me acontecera e dando um sentido para minha vida. Os acontecimentos que vivenciei – queimada no quintal nas noites de verão, viagens com meus pais, ser tirada do ônibus errado pela minha irmã, bater no carro da polícia, todas as vezes que me apaixonei, o nascimento dos meus filhos e a morte da minha irmã – marcaram os contornos da minha vida. Mas o sentido da minha vida é, em última análise, definido pelo modo como reajo às alegrias e tristezas, como eu crio interligações de vidas e experiências e como ajudo os outros enquanto eles percorrem seus próprios caminhos tortuosos da vida.

Meu ano lendo um livro por dia foi meu ano num sanatório. Foi meu ano longe do ar contaminado pela raiva e pelo luto que preencheram minha vida. Foi uma fuga para as brisas medicinais nas colinas de livros. Meu ano de leituras foi meu próprio hiato, minha própria interrupção no tempo entre a avassaladora dor pela morte da minha irmã e o futuro que agora me aguarda. Durante minha trégua de um ano com livros, eu me recuperei. Mais do que isso, aprendi a viver depois do período de recuperação.

Quando corri do quarto do hospital onde Anne-Marie morreu, o quarto onde eu a vira viva pela última vez, a beijara e lhe dissera, com certeza, que a veria novamente no dia seguinte, eu estava fugindo. Fugindo daquele quarto onde descobri meus pais destruídos pela dor e Natasha chorando, onde Marvin andava enlouquecido pelo quarto e Jack tentava consolar a todos nós.

Durante três anos, corri o mais rápido que pude, tentando viver, amar e aprender ao máximo para compensar o que Anne-Marie havia perdido. Tentando me anestesiar pelo que eu perdera. Quando decidi ler um livro por dia e escrever sobre eles, finalmente parei de correr. Eu me sentei, imóvel, e comecei a ler. Todos os dias eu li, devorei, digeri e refleti sobre todos os livros, seus escritores, seus personagens e suas conclusões. Eu mergulhei no mundo que os autores criaram e testemunhei novas maneiras de lidar com as reviravoltas da vida, descobrindo ferramentas de humor, empatia e solidariedade. Graças às minhas leituras, cheguei ao ponto de compreender tudo isso.

Minha vida não se limitaria pelo modo como minha irmã morreu, mas ela poderia ser ampliada pelo modo como Anne-Marie viveu. O lugar dela na minha vida é definido por tudo o que ela fez, tudo o que ela me mostrou e pela maneira como ela me guiou rumo a novas ideias.

No verão depois que me formei na faculdade, fui visitar Anne--Marie em Nova York. Ela sublocava um apartamento em Chelsea naquele verão, a cobertura de uma *brownstone*. Chelsea ainda estava instável na época, uma mistura de pessoas ricas recém-chegadas e uma sólida classe média que vivia ali há décadas, cercada por várias pessoas que ocupavam prédios abandonados, bêbados e traficantes de drogas.

Anne-Marie havia começado a se relacionar com Marvin e eu me apaixonara por um gerente de uma sorveteria onde eu trabalhava, na praça Harvard. Durante nossa semana juntas, contudo, não conversamos sobre os homens em nossas vidas. Conversamos sobre a igreja que Anne-Marie estudava, Saint-Eustache, em Paris, e sobre como os arcos eram belos, com seus adereços decorativos e sua fachada marcante. Conversamos sobre os contos de Ann Beattie, cujo apartamento Anne-Marie estava sublocando, e nossas reações conflitantes em relação à literatura dela (mas nós duas amamos o apartamento). Anne-Marie dizia que eu era jovem demais para admirar as histórias de Beattie, mas que um dia eu gostaria. Conversamos sobre por que eu deveria cursar direito, seguir minha vocação por história ou começar uma carreira como policial. Anne-Marie tinha certeza de que eu me sairia muito bem como senadora.

Numa tarde de sábado, ainda cedo o bastante e com muita luz antes de o sol se pôr, saímos pela janela do apartamento e subimos até o terraço de piche da *brownstone*. A superfície preta estava pegajosa, sob nossos pés, e quente. Fomos até o parapeito de pedra do terraço e ficamos admirando Nova York. Podíamos ver o Empire State Building se elevando em meio a vários telhados e caixas de água. Com uma Polaroid, tiramos fotos uma da outra. Nas fotos, que ainda possuo, somos jovens e saudáveis, magras em nossas camisetas brancas justas e calções curtos, e estamos sorrindo, parecendo vigorosas e confiantes. Ficamos lá fora, no telhado, enquanto o céu escurecia, adquirindo um tom arroxeado. Provavelmente, jantamos em algum momento, as luzes de Nova York surgiram ao nosso redor e conversamos até de madrugada.

Anne-Marie estava certa ao prever que eu viria a admirar a literatura de Ann Beattie, mas tudo o mais que aconteceu jamais poderíamos ter previsto: como Anne-Marie escreveria sobre a igreja de Saint-Eustache de uma maneira completamente nova de abordar a arquitetura; como eu me tornaria uma advogada, deixando a história e a carreira de policial para trás; e depois como eu me tornaria mãe, abandonando o direito; como Anne-Marie e Marvin se tornariam padrinhos de três dos meus quatro filhos; como, numa manhã de janeiro, apenas vinte anos depois da nossa noite no telhado, Anne-Marie sentiria um inchaço no abdômen; e como, quatro meses depois disso, ela morreria.

Tolstói escreveu: "O único sentido da vida é servir a humanidade". Ele entendia isso como um dever religioso. Para mim, eu entendia isso como um fato da vida, como o fato da vida, e como o fato que sustentava a vida. O que fazemos uns para os outros é o que permanece. Minha irmã está morta, mas tudo o que ela fez por mim enquanto estava viva continua firme. Ainda posso sentir sua mão me tocando no assento traseiro do nosso carro em Berlim e ainda ouço sua voz, nossas conversas se prolongando noite adentro.

Anne-Marie se define por tudo o que ela era para mim, como irmã mais velha, erudita, mulher bela, amiga. Ela é o modo como eu a adorava, a irritava e a amava. Minha vida é um reflexo da vida dela. Eu aferraria minha vida com a dela e não com a sua morte. A morte lhe tirou todas as possibilidades, mas não as tirou de mim e eu escolhi continuar vivendo com Anne-Marie ao meu lado sempre, viva em todas as minhas memórias de como ela viveu. Ela continuará a me moldar, me guiar e me aconselhar. Ela me incentivou a dar início ao meu ano de leituras, estimulando-me com nosso amor em comum pelos livros e impelindo meu desejo de ler todos os livros que talvez tivéssemos lido juntas.

Aprendi, graças aos livros, a me apegar às memórias de todos os belos momentos e pessoas da minha vida, já que preciso dessas lembranças para me ajudar a passar pelos tempos difíceis. Aprendi a perdoar tanto a mim mesma quanto às pessoas ao meu redor, todas tentando apenas sobreviver com seus "fardos pesados". Sei, hoje, que o amor é uma força poderosa o bastante para sobreviver à morte e que a generosidade é a maior ligação entre mim e o restante do mundo. E o mais importante – porque hoje sei que Anne-Marie sempre estará comigo e com todos que ela amou – é que entendi o impacto duradouro que uma vida pode ter em outra, outra e outra.

Não há consolo para a dor de perder alguém que se ama nem deveria haver. A dor não é uma doença ou uma calamidade. É apenas a única reação possível à morte de uma pessoa amada e uma afirmação do quanto damos valor à própria vida, por todas as suas maravilhas, emoções, beleza e alegria.

Nossa única solução para a dor é viver. Viver olhando para trás, lembrando as pessoas que perdemos, mas também seguindo adiante com ansiedade e entusiasmo. E repassar esse sentimento de esperança e possibilidade por meio de gestos de bondade, generosidade e compaixão.

Li livros durante toda a minha vida. E, quando mais precisei lê-los, os livros me deram tudo o que pedi e mais. Meu ano de leituras me deu o espaço de que eu precisava para descobrir como viver novamente, depois de perder minha irmã. Meu ano no sanatório de livros me permitiu redefinir o que é importante para mim e o que pode ser deixado para trás. Nem todas as interrupções da vida podem ser tão intensas – nunca mais lerei um livro por dia durante um ano –, mas qualquer interrupção da vida frenética, dos dias cheios de ocupação, pode restaurar o equilíbrio de uma vida virada de cabeça para baixo. Para algumas pessoas, essa interrupção será uma tarde fazendo tricô, ou uma semana de aulas de ioga, ou ainda uma longa caminhada com um amigo, ou um animal de estimação. Todos precisamos de espaço para deixar que as coisas se acomodem, um lugar para nos lembrarmos de quem somos e do que nos é importante, um intervalo que nos permita que a felicidade e a alegria da vida voltem à nossa consciência.

"Vivemos em maravilhamento, queimadas num ciclo de paixão e apreensão", escreveu a poeta Carolyn Kizer e sei que isso é verdade. Meu hiato acabou, minha alma e meu corpo estão curados, mas nunca abandonarei a poltrona roxa por muito tempo. Tantos livros esperando para serem lidos, tanta felicidade para ser descoberta, tanta maravilha para ser revelada.

Agradecimentos

Meu agradecimento emocionado aos meus pais, Tilde e Anatole Sankovitch, e para minha irmã Natasha, pela constância, companhia e amor deles; aos meus sogros Pat e Bob Menz, e a todos os meus cunhados e cunhadas, por sua fé inabalável em mim; a Joan Batten, por todas as suas ótimas ideias; aos meus filhos, Peter, Michael, George e Martin, por encherem minha vida de luz; a minha enteada Meredith, por me permitir ser sua amiga mais velha; e a todos os Janssens, por compartilharem livros, histórias familiares e demoradas refeições. E obrigado a Jack Menz, por ser quem e o que ele é, tudo para mim.

Obrigado a vocês, Stephanie Young, Margaret Kelley, Sally Maca, Bev Stanley, Sarah Hickson, Christine Utter, Viveca Van Bladel, Nataliya Lenskiy, Tish Fried, David e Laura Wilk, Joe Tringali, Tim Wallace, Patsy Wallace, Margaret Hughes Henderson, Susan Paullin Nussbaum, Debbie Holm, Marion Nixon, Kate Sheehan Gerlach, Ellice Ratliff, Angie Atkins, Celia Zahner, Jill Owens, Alexandra Lehman e Josip Novakovich. Agradecimentos especiais a Debbie e Catherine, dos estúdios Ted, por me ajudarem a me apresentar.

Obrigado a Tazewell Thompson, que me mostrou que a dedicação e o desejo criam a beleza. Nunca poderia ter descoberto todos os maravilhosos livros que descobri durante meu ano de leituras diárias sem os recursos da Biblioteca Pública de Westport. Devo um agradecimento especial a Marta Campbell, que descobre livros de todos os cantos do mundo e os traz para sua casa em Westport.

Um milhão de agradecimentos para Esther Newberg, por me dar confiança, e a Julia Cheiffetz e Katie Salisbury, por me estimularem com determinação paciente.

Agradeço e reverencio todos os grandes escritores que li durante os últimos quarenta anos e dos quais eu espero continuar obtendo sabedoria, consolo, prazer, fuga e alegria até meu último suspiro.

Lista completa de livros lidos

de 28 de outubro de 2008
a 28 de outubro de 2009

Depois de conseguir tanta coisa,
Ainda há tanto para se receber.

Tatjana Soli
The Lotus Eaters

A Arte de Correr na Chuva, de Garth Stein
A Artista do Corpo, de Don DeLillo
A Boa Vida Segundo Hemingway, de A. E. Hotchner
A Celibate Season, de Carol Shields e Blanche Howard
A Curtain of Green, de Eudora Welty
A Dead Man in Barcelona, de Michael Pearce
A Elegância do Ouriço, de Muriel Barbery
A fantástica Vida Breve de Oscar Wao, de Junot Díaz
A Festa e Outros Contos, de Katherine Mansfield
A Fisherman of the Inland Sea, de Ursula K. Le Guin
A Great Day for a Ballgame, de Fielding Dawson
A Happy Marriage, de Rafael Yglesias

A História do Amor, de Nicole Krauss
A Hope in the Unseen, de Ron Suskind
A Paciência da Aranha, de Andrea Camilleri
A Pista de Gelo, de Roberto Bolaño
A Ponte de São Luis Rei, de Thornton Wilder
A Queda, de Albert Camus
A Rogue's Life, de Wilkie Collins
A Short History of Women, de Kate Walbert
A Smile of Fortune, de Joseph Conrad
A Sociedade Literária e a Torta de Casca de Batata, de Mary Ann Shaffer e Annie Barrows
A Televisão, de Jean-Philippe Toussaint
A Terrible Splendor, de Marshall Jon Fisher
A Toast to Tomorrow, de Manning Coles

A Varanda do Frangipani, de Mia Couto
A Vida na Porta da Geladeira, de Alice Kuipers
A Vingança do Caça-Bruxas, de John Bellairs e Brad Strickland
Address Unknown, de Kathrine Kressman Taylor
Agarre o Dia, de Saul Bellow
Algren at Sea, de Nelson Algren
Alice Fantastic, de Maggie Estep
All My Friends Are Superheroes, de Andrew Kaufman
All Souls, de Christine Schutt
All That I Have, de Castle Freeman Jr.
American Born Chinese, de Gene Luen Yang
Amor Conjugal, de Alberto Moravia
Amphibian, de Carla Gunn
Anjos Caídos, de Tracy Chevalier
Anna In-Between, de Elizabeth Nunez
Annie John, de Jamaica Kincaid
As Alegrias da Maternidade, de Buchi Emecheta
As Aventuras de Nick Adams, de Ernest Hemingway
As Intermitências da Morte, de José Saramago

As Memórias do Livro, de Geraldine Brooks
As Setas do Cupido, de Edith Templeton
Asa de Prata, de Kenneth Oppel
Assassinato no Expresso do Oriente, de Agatha Christie
Aunt Dimity Slays the Dragon, de Nancy Atherton
Auto dos Danados, de António Lobo Antunes
Bangcoc 8, de John Burdett
Bellwether, de Connie Willis
Better, de John O'Brien
Bird by Bird, de Anne Lamott
Black Water, de Joyce Carol Oates
Blank, de Noah Tall
Bombay Time, de Thrity Umrigar
Boston Noir, organizado por Dennis Lehane
Breath, Eyes, Memory, de Edwidge Danticat
Brief Encounters with Che Guevara, de Ben Fountain
Brooklyn, de Colm Tóibín
By Chance, de Martin Corrick
Call Me Ahab, de Anne Finger
Captains Courageous, de Rudyard Kipling
Carta a uma Nação Cristã, de Sam Harris
Castle Nowhere, de Constance Fenimore Woolson
Charles Dickens, de Melissa Klimaszewski e Melissa Gregory
Christmas in Plains, de Jimmy Carter
Cicatrizes, de David Small
Cidade Acorrentada, de Pete Dexter
Climate of Fear, de Wole Soyinka
Compaixão, de Toni Morrison
Consider the Lobster, de David Foster Wallace
Conversa na Cama, de Antonya Nelson
Cooking and Screaming, de Adrienne Kane
Coração de Tinta, de Cornelia Funke
Crepúsculo, de Stephenie Meyer

Crimes de Amor, organizado por Otto Penzler
Crimes Imperceptíveis, de Guillermo Martínez
Crow Planet, de Lyanda Lynn Haupt
Crusader's Cross, de James Lee Burke
Dangerous Games, de Margaret MacMillan
Dangerous Laughter, de Steven Millhauser
Dead Giveaway, de Simon Brett
Dead Horse, de Walter Satterthwait
Death Etc., de Harold Pinter
Death of a Witch, de M. C. Beaton
Death Rites, de Alicia Giménez-Bartlett
DeKok and Murder by Installment, de A .C. Baantjer
Delhi Noir, organizado por Hirsh Sawhney
Desesperados, de Paula Fox

Diga que você é um deles, de Uwem Akpan
Disquiet, de Julia Leigh
Divisadero, de Michael Ondaatje
Do Que Eu Falo Quando Eu Falo de Corrida, de Haruki Murakami
Dogs, Dreams, and Men, de Joan Kaufman
Double-Click for Trouble, de Chris Woodworth
Dreamers, de Knut Hamsun
Drink to Yesterday, de Manning Coles
Emma-Jean Lazarus Fell in Love, de Lauren Tarshis
Engolido Pelas Labaredas, de David Sedaris
Escape under the Forever Sky, de Eve Yohalem
Even Cat Sitters Get the Blues, de Blaize Clement
Ex-Libris: *Confissões de uma Leitora Comum*, de Anne Fadiman
Explorers of the New Century, de Magnus Mills
Facing the Bridge, de Yoko Tawada
Family Happiness, de Laurie Colwin
Fiendish Deeds, de P. J. Bracegirdle
Fight Scenes, de Greg Bottoms
Fine Just the Way It Is, de Annie Proulx

For Grace Received, de Valeria Parrella
Forty Stories, de Donald Barthelme
Frida's Bed, de Slavenka Drakulić
Gerald Keegan's Famine Diary, de James J. Mangan
Girl Boy Girl, de Savannah Knoop
Godlike, de Richard Hell
Gold, de Dan Rhodes
Good Behaviour, de Molly Keane
Grief, de Andrew Holleran
Hairstyles of the Damned, de Joe Meno
Half in Love, de Maile Meloy
Hannah Coulter, de Wendell Berry
Happens Every Day, de Isabel Gillies
Her Deadly Mischief, de Beverle Graves Myers
Homem no Escuro, de Paul Auster
Housekeeping vs. the Dirt, de Nick Hornby
How I Became a Nun, de César Aira
How to Paint a Dead Man, de Sarah Hall
I Love Dollars, de Zhu Wen
I Was Dora Suarez, de Derek Raymond
In Her Absence, de Antonio Muñoz Molina
In the Meantime, de Robin Lippincott
In the Pond, de Ha Jin
In Time of Peace, de Thomas Boyd
Indignação, de Philip Roth
Iron Balloons, organizado por Colin Channer
Jacob's Hands, de Aldous Huxley e Christopher Isherwood
Jerusalem, de Selma Lagerlöf
John Crow's Devil, de Marlon James
Kindred, de Octavia E. Butler
Kitchen, de Banana Yoshimoto
Krapp's Last Cassette, de Anne Argula
Lark and Termite, de Jayne Anne Phillips

Last Night at the Lobster, de Stewart O'Nan
Laura Rider's Masterpiece, de Jane Hamilton
Love and Death, de Forrest Church
Madame De Stael: The First Modern Woman, de Francine du Plessix Gray
Make No Bones, de Aaron Elkins
Maracanã, Adeus, de Edilberto Coutinho
Marley & Eu, de John Grogan
Masterpiece, de Elise Broach
Mate-me, Por Favor, de Legs McNeil e Gillian McCain
Meat Eaters and Plant Eaters, de Jessica Treat
Meu Pescoço é um Horror, de Nora Ephron
Meu Sonho Contigo, de Nuala O'Faolain
Miss Corações Solitários, de Nathanael West

Miss Misery, de Andy Greenwald
Moon Tiger, de Penelope Lively
My House in Umbria, de William Trevor
Na Praia, de Ian McEwan
Nada a Temer, de Julian Barnes
Não me Abandone Jamais, de Kazuo Ishiguro
Narrative of the Life of Frederick Douglass, de Frederick Douglass
Newton, de Peter Ackroyd
Ninguém se Mexe, de Denis Johnson
No Bosque da Memória, de Tana French
Nota Falsa, de Liev Tolstói
O Amor Chegou, de Marisa de los Santos
O Atentado, de Harry Mulisch
O Bom Soldado, de Ford Madox Ford
O Castelo de Otranto, de Horace Walpole
O Castelo de Vidro, de Jeannette Walls
O Ente Querido, de Evelyn Waugh
O Fim de Semana, de Peter Cameron
O Homem da Minha Vida, de Manuel Vázquez Montalbán

O Homem Mal-Assombrado e o Espírito da Pechincha, de Charles Dickens
O Jogo do Exterminador, de Orson Scott Card
O Jogo Interior de Tênis, de W. Timothy Gallwey
O Legado de Eszter, de Sándor Márai
O Leilão do Lote 49, de Thomas Pynchon
O Mestre de S. Petersburgo, de J. M. Coetzee
O Mundo se Despedaça, de Chinua Achebe
O Quinto Filho, de Doris Lessing
O Sol dos Moribundos, de Jean-Claude Izzo
O Sr. Pip, de Lloyd Jones
O Trio Wright, de Blue Balliett
O Último Magnata, de F. Scott Fitzgerald
O Vendedor de Passados, de José Eduardo Agualusa
Oh Joe, de Michael Z. Lewin
Olive Kittredge, de Elizabeth Strout
On Kindness, de Adam Phillips e Barbara Taylor
On the Line, de Serena Williams e Daniel Paisner
On the Pleasure of Hating, de William Hazlitt
One Dog Happy, de Molly McNett
One Foot in Eden, de Ron Rash
Onitsha, de J. M. G. Le Clézio
Os Cadernos de Malte Laurids Brigge, de Rainier Maria Rilke
Os Emigrantes, de W. G. Sebald
Out of Captivity, de Marc Gonsalves, Keith Stansell, Tom Howes e Gary Brozek
Paciente Particular, de P. D. James
Pastoralia, de George Saunders
Payback, de Margaret Atwood
Pequena Abelha, de Chris Cleave
Petey & Pussy, de John Kerschbaum
Pilate's Wife, de H. D.
Poisonville, de Massimo Carlotto e Marco Videtta

Polaris, de Fay Weldon
Pressure Is a Privilege, de Billie Jean King
Pulpy and Midge, de Jessica Westhead
Queijo, de Willem Elsschot
Raiva, de Sergio Bizzio
Rancho Weirdo, de Laura Chester
Respected Sir, de Naguib Mahfouz
Revelation, de C. J. Sansom
Revolutionary Road, de Richard Yates
Rhino Ranch, de Larry McMurtry
Rimbaud, de Edmund White
River of Darkness, de Rennie Airth
Rome Noir, organizado por Chiara Stangalino e Maxim Jakubowski
Ronald Reagan, de Andrew Helfer, ilustrado por Steve Bucellato e Joe Staton

Roseanna, de Maj Sjöwall e Per Wahlöö
Ruins, de Achy Obejas
Russian Journal, de Andrea Lee
Salão de Beleza, de Mario Bellatin
Salvation and Other Disasters, de Josip Novakovich
Scat, de Carl Hiasen
Schmidt Libertado, de Louis Begley
Seis Primeiras Histórias, de Thomas Mann
Self's Murder, de Bernhard Schlink
Sex, Drugs, and Cocoa Puffs, de Chuck Klosterman
Silks, de Dick Francis e Felix Francis
Six Kinds of Sky, de Luis Alberto Urrea
Smile as They Bow, de Nu Nu Yi
Snakehead, de Anthony Horowitz
Something Nasty in the Woodshed, de Kyril Bonfiglioli
Somewhere Toward the End, de Dianna Athill
Son of Holmes, de John Lescroart
Songs My Mother Never Taught Me, de Selçuk Altun

Speak, de Laurie Halse Anderson
Stardust, de Neil Gaiman
Stolen Children, de Peg Kehret
Surdo Mudo, de David Lodge
Tamburlaine Must Die, de Louise Welsh
Ten Poems to Set You Free, de Roger Housden
The Abbot's Ghost, de Louisa May Alcott
The African Queen, de C. S. Forester
The Age of Dreaming, de Nina Revoyr
The Ancient Shore, de Shirley Hazzard e Francis Streegmuller
The Believers, de Zoë Heller
The Best Place to Be, de Lesley Dormen
The Bridges at Toko-Ri, de James Michener
The Calling, de Mary Gray Hughes
The Council of the Cursed, de Peter Tremayne
The Crofter and the Laird, de John McPhee
The Curriculum Vitae of Aurora Ortiz, de Almudena Solana
The Curse of Eve, de Liliana Blum
The Deer Leap, de Martha Grimes
The Detective Wore Silk Drawers, de Peter Lovesey
The Devil's Tickets, de Gary M. Pomerantz
The Diamond Girls, de Jacqueline Wilson
The Diary of a Nobody, de George e Weedon Grossmith
The Door to Bitterness, de Martin Limón
The Duppy, de Anthony C. Winkler
The Emperor's Tomb, de Joseph Roth
The English Major, de Jim Harrison
The Fairacre Festival, de Miss Read
The Faithful Lover, de Massimo Bontempelli
The Famous Flower of Serving Men, de Deborah Grabien
The Ferguson Affair, de Ross Macdonald
The First Person, de Ali Smith
The German Mujahid, de Boualem Sansal

The Good Thief, de Hannah Tinti
The Granny, de Brendan O'Carroll
The Grotesque, de Patrick McGrath
The Gutter and the Grave, de Ed McBain
The Hollow-Eyed Angel, de Janwillem van de Wetering
The House Beautiful, de Allison Burnett
The House on Eccles Road, de Judith Kitchen
The Housekeeper and the Professor, de Yoko Ogawa
The Howling Miller, de Arto Paasilinna
The Hunt for Sonya Dufrette, de R. T. Raichev
The King and the Cowboy, de David Fromkin
The Last Essays of Elia, de Charles Lamb
The Laughter of Dead Kings, de Elizabeth Peters
The Laws of Evening, de Mary Yukari Waters

The Little Disturbances of Man, de Grace Paley
The Loneliness of the Long-Distance Runner, de Alan Sillitoe
The Lost Art of Gratitude, de Alexander McCall Smith
The Lost Prophecies, de C. J. Sansom, Bernard Knight, Ian Morson, Michael Jecks, Susanna Gregory e Philip Gooden
The Love Song of Monkey, de Michael Graziano
The Man in the Picture, de Susan Hill
The Man who was Thrusday, de G. K. Chesterton
The Mercy Papers, de Robin Romm
The Moon Opera, de Bi Feiyu
The Musical Illusionist, de Alex Rose
The Old Man and Me, de Elaine Dundy
The Open Door, de Elizabeth Maguire
The Orchid Shroud, de Michelle Wan
The Palestinian Lover, de Sélim Nassib
The Peregrine, de J. A. Baker
The Perfectionists, de Gail Godwin
The Picts and the Martyrs, de Arthur Ransome
The Pisstown Chaos, de David Ohle

The Plated City, de Bliss Perry
The Poorhouse Fair, de John Updike
The Provincial Lady in London, de E. M. Delafield
The Public Prosecutor, de Jef Geeraerts
The Pursuit of Love, de Nancy Mitford
The Rules of Engagement, de Anita Brookner
The Salt-Box House, de Jane Forest Shelton
The Samurai's Garden, de Gail Tsukiyama
The Servants' Quarters, de Lynn Freed
The Session, de Aaron Petrovich
The Seven Deadly Sins, organizado por Angus Wilson
The Shadow of the Sun, de Ryszard Kapuscinski
The Simulacra, de Philip K. Dick
The Sin Eater, de Alice Thomas Ellis
The Sixth Target, de James Patterson e Maxine Paetro
The Slippery Year, de Melanie Gideon
The Spoke, de Friedrich Glauser
The Sun Field, de Heywood Broun
The Swap, de Antony Moore
The Tempest Tales, de Walter Mosley
The Thanksgiving Visitor, de Truman Capote
The Thing Around Your Neck, de Chimamanda Ngozi Adichie
The Third Angel, de Alice Hoffman
The Thirty-Nine Steps, de John Buchan
The Three of Us, de Julia Blackburn
The Tomb in Seville, de Norman Lewis
The Touchstone, de Edith Wharton
The Unknown Masterpiece, de Honoré de Balzac
The Venice Train, de Georges Simenon
The Vicar of Sorrows, de A. N. Wilson
The Whore's Child, de Richard Russo
The Writing Life, de Annie Dillard
The Yellow Leaves, de Frederick Buechner

The Yellow Wallpaper and Other Stories, de Charlotte Perkins Gilman
They Who Do Not Grieve, de Sia Figiel
Tigre Branco, de Aravind Adiga
To Siberia, de Per Petterson
Towards the End of Morning, de Michael Frayn
Twenty Boy Summer, de Sarah Ockler
Twice-Told Tales, de Nathaniel Hawthorne
Two Marriages, de Phillip Lopate
Um Esporte e um Passatempo, de James Salter
Uma Lição Antes de Morrer, de Ernest J. Gaines
Vanessa and Virginia, de Susan Sellers
Victorian Tales of Terror, editado por Hugh Lamb
Waiting in Vain, de Colin Channer
Wake - Despertar, de Lisa McMann

Walk the Blue Fields, de Claire Keegan
War Dances, de Sherman Alexie
Watchmen, de Alan Moore e Dave Gibbons
Watership Down, de Richard Adams
What I'd Say to the Martians, de Jack Handey
Where Angels Fear to Tread, de E. M. Forster
Where the Money Went, de Kevin Canty
Where Three Roads Meet, de John Barth
Where You Once Belonged, de Kent Haruf
Wilful Behavior, de Donna Leon
Will War Ever End?, de Paul K. Chappell
Will Work for Drugs, de Lydia Lunch
Winning Ugly, de Brad Gilbert e Steve Jamison
Wizard's Hall, de Jane Yolen

Permissões

Agradeço especialmente aos seguintes autores e obras pelos trechos usados; somente lendo o texto completo destes livros é que sua beleza e importância completas podem ser apreciadas.

A celibate season, de Carol Shields and Blanche Howard, publicado por Penguin Books; 1991.

A elegância do ouriço, de Muriel Barbery, traduzido por Rosa Freire d'Aguiar, publicado pela Companhia das Letras; 2008.

A fantástica vida breve de Oscar Wao, de Junot Díaz, publicado pela editora Record; 2009.

A filha de Burger, de Nadine Gordimer. publicado por Rocco; 1985.

A hope in the unseen, de Ron Suskind, publicado por Broadway Books, Random House, Inc.; 1998.

A varanda do frangipani, de Mia Couto, publicado pela Companhia das Letras; 2008.

Alice fantastic, de Maggie Estep, publicado por Akashic Books; 2009.

Better, de John O'Brien, publicado por Akashic Books; 2009.

Bombay time, de Thrity Umrigar, publicado por Picador, usado com permissão do autor; 2002.

By chance, de Martin Corrick, publicado por Random House, Inc.; 2008.

Do que eu falo quando falo de corrida, de Haruki Murakami, publicado por Alfaguara Brasil; 2010.

Female trouble, de Antonya Nelson, publicado por Scribner, impresso por Simon and Schuster, usado com permissão da autora; 2002.

Fight scenes, de Greg Bottoms (ilustrado por David Powell), publicado por Counterpoint Press; 2008.

Goodbye without leaving, de Laurie Colwin, publicado por Poseidon Press, Simon and Schuster, Inc.; 1990.

Grief, de Andrew Holleran, publicado por Hyperion; 2006.

Hannah Coulter, de Wendell Berry, publicado por Counterpoint Press; 2004.

Harriet, a espiã, de Louise Fitzhugh, publicado pela Companhia das Letras; 2000.

Homem no escuro, de Paul Auster, publicado pela Companhia das Letras; 2008.

Housekeeping vs. the dirt. © Nick Hornby, sob permissão de United Agents Ltd. (www.unitedagents.co.uk), em nome do autor.

How to paint a dead man, de Sarah Hall, publicado por HarperCollins Publishers; 2009.

Indignation, de Philip Roth, publicado por Houghton Mifflin Company; 2008.

Kitchen, de Banana Yoshimoto, publicado pela editora Nova Fronteira; 1995.

Laura Rider's masterpiece, de Jane Hamilton, publicado por Grand Central Publishing; 2009.

Madame de Staël: the first modern woman, de Francine du Plessix Gray, publicado por Atlas & Co.; 2008

My house is Umbria, de William Trevor, publicado por Penguin Books; 1991.

My mother is the most beautiful woman in the world, de Becky Reyher, publicado por Howell, Soskin, Publishers; 1945.

Nada a temer, de Julian Barnes, traduzido por Lea Viveiros de Castro, publicado pela editora Rocco; 2009.

Nota falsa, de Liev Tolstói, publicado por Arte e Letra; 2010.

O atentado, de Harry Mulisch, publicado pela editora José Olympio; 2007.

O mestre de São Petersburgo, de J. M. Coetzee. publicado pela Companhia das Letras; 2003.

O vendedor de passados, de José Eduardo Agualusa, publicado por Dom Quixote; 2004.

On kindness, de Adam Phillips and Barbara Taylor, publicado por Farrar, Straus & Giroux; 2009.

Onitsha, de J. M. G. Le Clézio, translation by Alison Anderson, publicado por University Nebraska Press; 1997.

Pastoralia, de George Saunders, publicado por Riverhead; 2000.

Pequena abelha, de Chris Cleave, publicado por Intrínseca; 2010.

Ruins, de Achy Obejas, publicado por Akashic Books; 2009.

Self's murder, de Berhard Schlink, publicado por Random House, Inc.; 2009.

Spooner, de Peter Dexter, publicador por Grand Central; 2009.

The books in my life, de Henry Miller, publicado por New Directions Publishing Corp., sob permissão de New Directions Publishing Corp.; 1969.

The curriculum vitae of Aurora Ortiz, de Almudena Solana, publicado por Harvill Press, usado com permissão de The Random House Group Ltd.; 2005.

The english major, de Jim Harrison, publicado por Grove Press; 2008.

The good soldier, de Ford Madox Ford, publicado por The Bodley Head, Londres, 1915.

The hautend man and the ghost's bargain, de Charles Dickens, publicado em 1848.

The history of love, de Nicole Krauss, publicador por W.W. Norton and Company, Inc.; 2005.

The laws of evening, de Mary Yukari Waters, publicado por Scribner; 2003.

The loneliness of the long-distance runner, de Alan Sillitoe, publicado por Alfred A. Knopf; 1959.

The lotus eaters, de Tatjana Soli, publicado por St. Martin's Press, usado com permissão do autor; 2010.

The love song of monkey, de Michael Graziano, Leapfrog Press; 2008.

The open door, de Elizabeth Maguire, publicado por Random House, Inc.; 2008, com permissão de Other Press.

The peregrine, de J. A. Baker, publicado por HarperCollins Publishers; 1967.

The Picts and the Martyrs, de Arthur Ransome, publicado por Macmillan; 1943.

The provincial lady in London, de E. M. Delafield, publicado por Harper and Brothers; 1933.

The pursuit of love, de Nancy Mitford, publicado por Hamish Hamilton; 1945.

The scarlet ruse, de John D. MacDonald, publicado por Fawcett Publications, Inc.; 1973.

The Touchstone, de Edith Wharton, publicado na Scribner's Magazine; 1900.

To Siberia, de Per Petterson, publicado por Picador; 1998.

Twice-told Tales, de Nathaniel Hawthorne, publicador por Lupton Publishing, 1890.

Uma lição antes de morrer, de Ernest J. Gaines, publicado pela editora Bertrand; 1996.

Vitória – o sonhador, de Knut Hamsun, publicado por Bôa Leitura; 1961.

Walk the blue fields, de Claire Keegan, publicado por Grove/Atlantis, Inc.; 2007.

Where the money went, de Kevin Canty, publicado por Nan. A. Talese, Doubleday; 2009.

Este livro foi composto em Bembo STD
para Texto Editores Ltda.
em agosto de 2011.